Nivel 3 • Libro 1

La amistad

•

La vida silvestre
en la ciudad

•

La imaginación

Nivel 3 • Libro 1

— AUTORES DEL PROGRAMA —

Foro abierto para la lectura

Arturo Abarca
Marco A. Domínguez

Open Court Reading

Marilyn Jager Adams

Carl Bereiter

Joe Campione

Iva Carruthers

Jan Hirshberg

Anne McKeough

Michael Pressley

Marsha Roit

Marlene Scardamalia

Gerald H. Treadway, Jr.

A Division of The **McGraw·Hill** Companies

Columbus, Ohio

Reconocimientos

Grateful acknowledgement is given to the following publishers and copyright owners for permissions granted to reprint selections from their publications. All possible care has been taken to trace ownership and secure permission for each selection included. In case of any errors or omissions, the Publisher will be pleased to make suitable acknowledgements in future editions.

From STORIES JULIAN TELLS by Ann Cameron. Copyright © 1981 by Ann Cameron. Reprinted by permission of Ellen Levine Literary Agency.

From THE STORIES JULIAN TELLS by Ann Cameron, illustrated by Ann Strugnell. Illustrations copyright © 1981 by Ann Strugnell. Reprinted by permission of Pantheon Books, a division of Random House, Inc.

From Angel Child, Dragon Child, by Michele Maria Surat. © 1983 by Raintree/Steck-Vaughn. All rights reserved.

"Los amigos" from TUTU MARAMBA by Maria Elena Walsh. Copyright © 2000. Used by permission of the author.

"The Tree House" from THE BIG BOOK OF PEACE. Reprinted by permission of Harold Ober Associates Incorporated. Copyright © 1990 by Lois Lowry. Illustration © Trina Schart Hyman.

First published in the United States under the title RUGBY AND ROSIE by Nan Rossiter. Copyright © Nan Parson Rossiter, 1997. Published by arrangement with Dutton Children's Books, a division of Penguin Putnam.

TEAMMATES by Peter Golenbock, text copyright © 1990 by Golenbock Communications, illustrations copyright © 1990 by Paul Bacon, reprinted by permission of Harcourt, Inc.

"The Legend of Damon and Pythias" from THE BAG OF FIRE AND OTHER PLAYS by Fan Kissen. Copyright © 1964 by Houghton Mifflin Company, renewed © 1993 by John Kissen Heaslip. Translated and reprinted by permission of Houghton Mifflin Company. All rights reserved.

EL NIÑO QUE NO CREÍA EN LA PRIMAVERA written by Lucille Clifton and illustrated by Brinton Turkle. Original English edition text copyright (c) Lucille Clifton, 1973. Original English art copyright © Brinton C. Turkle, 1973. Spanish translation copyright © Dutton Children's Books, 1985. Published by arrangement with Dutton's Children's Books, a member of Penguin Putnam Inc.

"City Critters: Wild Animals Live in Cities, Too" from 3-2-1 CONTACT Magazine, Sept. 1988. Copyright 1988 Sesame Workshop (New York, New York). All rights reserved.

MAKE WAY FOR DUCKLINGS by Robert McCloskey. Original English copyright renewed © Robert McCloskey, 1969. Spanish translation copyright © Penguin Books USA, Inc., 1996. Published by arrangement with Viking Children's Books, a member of Penguin Putnam Inc.

From URBAN ROOSTS by Barbara Bash. Copyright © 1990 by Barbara Bash. By permission of Little, Brown and Company, (Inc.).

"La ardilla" by Amado Nervo, Mexico, from QUIQUIRIQUÍ COCOROCÓ, ROMANCILLOS, RONDAS Y POEMAS DE ANI-MALITOS by David Santiago. Reprinted by permission of Editorial Norma S.A.

TWO DAYS IN MAY by Harriet Peck Taylor, pictures by Leyla Torres. Copyright © 1999 by Harriet Peck Taylor, illustrations copyright © 1999 by Leyla Torres. Reprinted by permission of Farrar, Straus & Giroux, LLC.

SECRET PLACE by Eve Bunting, illustrated by Ted Rand. Text copyright © 1996 by Eve Bunting. Illustrations copyright © 1996 by Ted Rand. Translated and reprinted by permission of Clarion Books/Houghton Mifflin Co. All rights reserved.

THROUGH GRANDPA'S EYES Copyright © 1980 by Patricia MacLachlan. Originally published by HarperCollins Publishers. Reprinted by permission of Curtis Brown, Ltd. ILLUSTRATIONS COPYRIGHT © 1980 BY DEBORAH KOGAN RAY. Used by permission of HarperCollins Publishers.

SALVADOR DE MADARIAGA: 'El sol quería bañarse' from ROMANCES PARA BEATRIZ. EL SOL, LA LUNA Y LAS ESTRELLAS, © Salvador de Madariaga, 1995 and Heirs of Salvador de Madariaga.

"The Cat Who Became a Poet" from NONSTOP NONSENSE by Margaret Mahy, illustrated by Quentin Blake. Text copyright © 1977 Margaret Mahy, Victor Gollancz, Publisher. Reprinted by permission of Orion Publishing Group.

From A CLOAK FOR THE DREAMER by Aileen Friedman, illustrated by Kim Howard. A Marilyn Burns Brainy Day Book published by Scholastic Inc. Copyright © 1994 by Marilyn Burns Education Associates. Reprinted by permission of Scholastic Inc.

From PICASSO, text copyright © 1988 by Mike Venezia. Reprinted by permission of Children's Press, a division of Grolier Publishing.

From THE EMPEROR'S NEW CLOTHES by Hans Christian Andersen, Retold and Illustrated by Nadine Bernard Westcott. Copyright © 1984 by Nadine Bernard Westcott. By permission of Little, Brown and Company (Inc.).

ROXABOXEN by Alice McLerran. TEXT COPYRIGHT © 1991 BY ALICE MCLERRAN. ILLUSTRATIONS COPYRIGHT © 1991 BY BARBARA COONEY. Used by permission of HarperCollins Publishers.

www.sra4kids.com

SRA/McGraw-Hill

A Division of The McGraw·Hill Companies

Send all inquiries to:
SRA/McGraw-Hill
8787 Orion Place
Columbus, OH 43240-4027

Printed in the United States of America.

ISBN 0-07-576148-3

3 4 5 6 7 8 9 VOH 05

— Autores del programa —

Foro abierto para la lectura

Arturo Abarca
Los Angeles Unified School District

Marco A. Domínguez, Ph.D.
East Los Angeles College

Open Court Reading

Marilyn Jager Adams, Ph.D.
BBN Technologies

Carl Bereiter, Ph.D.
University of Toronto

Joe Campione, Ph.D.
University of California at Berkeley

Iva Carruthers, Ph.D.
Northeastern Illinois University

Jan Hirshberg, Ed.D.
Reading Specialist

Anne McKeough, Ph.D.
University of Calgary

Michael Pressley, Ph.D.
University of Notre Dame

Marsha Roit, Ph.D.
National Reading Consultant

Marlene Scardamalia, Ph.D.
University of Toronto

Gerald H. Treadway, Jr., Ed.D.
San Diego State University

Contenido

Contenido

La vida silvestre en la ciudad

Contenido

La imaginación 196

La amistad

La amistad puede ser algo confuso, lindo, triste y muy, muy importante. ¿Qué es un amigo? ¿Cómo te conviertes en amigo de alguien? ¿Qué puedes esperar de un amigo? Todos nos hacemos estas preguntas, pero, ¿cuáles son las respuestas?

Gloria, quien podría ser mi mejor amiga

de ***The Stories Julian Tells***
Ann Cameron
ilustrado por Ann Strugnell

Si eres amigo de una niña, la gente se entera y te toma el pelo. Por eso no quería ser amigo de una niña; no hasta este verano, cuando conocí a Gloria.

Sucedió una tarde cuando caminaba solo, calle abajo. Mi mamá estaba visitando a una amiga, y Hugo estaba de visita en casa de un amigo. El amigo de Hugo tiene cinco años y por eso creo que es demasiado joven para jugar conmigo. Y no hay niños de mi misma edad. Caminaba calle abajo y me sentía solo.

A una cuadra de mi casa vi un camión de mudanzas frente a una casa café y a hombres cargando sillas, mesas, estantes y cajas llenas de no sé qué cosas. Estuve observando por un rato y de pronto escuché una voz, justo detrás de mí.

—¿Quién eres?

Me di vuelta y allí estaba una niña con un vestido amarillo. Parecía de mi misma edad. Tenía el cabello rizado en dos trenzas sujetas con cintas rojas.

—Soy Julián —dije—. ¿Y tú quién eres?

—Yo soy Gloria —dijo—. Vengo de Newport. ¿Sabes dónde queda Newport?

No estaba seguro, pero no se lo dije a Gloria. —Es un pueblo junto al mar —contesté.

—Correcto —dijo Gloria—. ¿Sabes dar volteretas?

Se dio vuelta y dio dos volteretas en el pasto.

Nunca había intentado dar una voltereta, pero intenté imitar a Gloria. Puse las manos sobre el pasto, mis pies se levantaron en el aire, y… me caí.

Miré a Gloria para ver si se estaba riendo de mí. Si se estaba riendo, me iría a casa y me olvidaría de ella.

Pero sólo me miraba muy seria.

—Se necesita práctica —me dijo. Ahí mismo me gustó.

—Sé donde hay un nido en tu jardín —le dije.

—¿De veras? —dijo Gloria—. Donde vivía antes no
había árboles ni pájaros en el jardín.

Le mostré dónde vivía y ponía sus huevos un
petirrojo. Gloria se trepó a una rama y echó un vistazo.
Los huevos eran pequeños y de color azul pálido. La
mamá petirrojo nos graznó y, junto con el papá
petirrojo, volaron por encima de nuestras cabezas.

—Quieren que nos vayamos —dijo Gloria. Se bajó
de la rama, y dimos la vuelta hacia el frente de
la casa y nos pusimos a mirar a los hombres de la
mudanza que metían dos alfombras y un espejo.

—¿Te gustaría venir a mi casa? —le pregunté.

—Bueno —dijo Gloria—, si mi mamá me deja.
Entró corriendo a la casa y pidió permiso.

Le dieron permiso, así que Gloria y yo fuimos a mi
casa. Le mostré mi cuarto, mis juegos y mi colección
de rocas. Después, preparé un refresco de fresa y nos
sentamos a la mesa de la cocina y nos lo tomamos.

—Tienes un bigote rojo en la boca —dijo Gloria.

—Tú también tienes un bigote rojo en la boca —le dije.

Gloria sonrió y nos limpiamos los bigotes con la lengua.

—Me gustaría que te quedaras a vivir aquí mucho tiempo —le dije a Gloria.

—A mí también —contestó.

—Yo sé cuál es la mejor manera de pedir un deseo —dijo Gloria.

—¿Cuál es? —le pregunté.

—Primero, hay que hacer un papalote. ¿Sabes hacer papalotes?

—Sí —dije—. Sé hacer buenos papalotes porque mi papá me enseñó. Se hacen con dos palos cruzados y papel periódico doblado.

—Bueno —dijo Gloria—, ése es el primer paso para hacer que se cumpla un deseo.

—¡Vamos a hacer el papalote!

Nos fuimos al garaje, y con palos y papel periódico hicimos el papalote. Amarré la cuerda del papalote y fui al armario y saqué unos trapos para la cola.

—¿Tienes papel y dos lápices? —preguntó Gloria—. Porque ahora pedimos los deseos.

No sabía qué estaba planeando, pero entré a la casa y traje lápices y papel.

—Muy bien —dijo Gloria—. Vas a escribir cada deseo que quieras que se te cumpla en una tira larga de papel. Tú no me dices cuáles son tus deseos ni yo te digo los míos. Si los dices, tus deseos no se te cumplen. Si miras los deseos de la otra persona, tampoco se le cumplen.

Gloria se sentó en el piso del garaje y empezó a escribir sus deseos. Tenía muchas ganas de saber cuáles eran, pero me fui al otro lado del garaje y escribí los míos:

1 Quiero que la higuera sea la más alta del pueblo.

2 Quiero ser un gran jugador de fútbol.

3 Quiero volar en avión.

4 Quiero que Gloria se quede aquí y que sea mi mejor amiga.

Doblé mis cuatro deseos en mi puño y fui donde estaba Gloria.

—¿Cuántos deseos pediste? —me preguntó Gloria.

—Cuatro —dije—. ¿Cuántos pediste tú?

—Dos —dijo Gloria.

Me pregunté qué habría pedido.

—Ahora vamos a poner los deseos en la cola del papalote —dijo Gloria—. Cada vez que atemos un trapo en la cola, le atamos un deseo al nudo. Puedes poner los tuyos primero.

Até los míos y después Gloria ató los suyos, y llevamos el papalote al jardín.

—Sostén la cola —le dije a Gloria— y yo jalo.

Corrimos con el papalote por el jardín, pasamos
por el huerto y la higuera y salimos a campo abierto,
más allá de nuestro jardín.

El papalote empezó a elevarse. La cola se sacudía
con dificultad, como una larga serpiente blanca. En
un minuto el papalote se elevó más allá del techo de
mi casa y parecía alcanzar el Sol.

Nos quedamos mirándolo en el campo. Deseaba que se cumplieran mis deseos.

—¡Sé que va a funcionar! —dijo Gloria.

—¿Cómo lo sabes? —le pregunté.

—Cuando bajemos el papalote —me dijo Gloria—, no debe quedar ningún deseo en la cola. Cuando el viento se lleva todos los deseos, sabes que se van a cumplir.

El papalote voló por largo rato. Ambos sosteníamos la cuerda. El papalote parecía un puntito negro en el Sol. De tanto mirarlo se me endureció el cuello.

—¿Lo bajamos? —pregunté.

—Bueno —dijo Gloria.

Jalamos la cuerda más y más hasta que, como un pájaro cansado, el papalote cayó a nuestros pies.

Miramos la cola. No quedaba ningún deseo.

Probablemente todavía estaban volando cada vez más y más alto con el viento.

Tal vez llegue a ser buen jugador de fútbol, viaje en avión y tenga la higuera más alta del pueblo. Y Gloria será mi mejor amiga.

—Gloria —le pregunté—, ¿pediste que fuéramos amigos?

—¡No debes preguntarme eso! —dijo Gloria.

—Lo siento —le contesté. Pero por dentro sonreía. Acababa de adivinar uno de los deseos de Gloria. Estaba seguro de que íbamos a ser amigos.

Gloria, quien podría ser mi mejor amiga

Conoce a la autora

Ann Cameron cursaba el tercer año de primaria cuando supo que quería ser escritora. Los recuerdos de sus amigos y los relatos compartidos por ellos son lo que la ayudan a escribir sus cuentos. La autora dice: *"Mi relato nunca será exactamente como el tuyo. Nunca podría contar tu propio cuento. Tu relato, si está contado de la manera que realmente quieres contarlo, nunca puede estar equivocado de la manera en que puede haber una respuesta equivocada en matemáticas; y aun si tu mamá, tu papá, tu maestro, o tu mejor amigo no lo entienden, sigue siendo correcto para ti. . . los relatos son individuales, especiales y todos diferentes; son pensamientos frescos y recientes que florecen en el jardín de tu mente".*

Ann vive actualmente en Guatemala, donde los niños del barrio continúan inspirándola para escribir. También supervisa una biblioteca de barrio, donde disfruta observando a los niños leer y aprender.

Conoce a la ilustradora

Ann Strugnell es una artista británica que ha ilustrado muchos libros para niños. Ha viajado a lugares lejanos como Turquía, España e Italia. Ha estado también en Nueva York y Cape Cod, en Estados Unidos. Vive con su esposo y se dedica a ilustrar libros en la bulliciosa ciudad de Londres, Inglaterra. Algunas veces también viene a Estados Unidos para ilustrar libros.

Relación con el tema

En la selección

Libreta del escritor

Anota tus respuestas en la sección de Respuestas de tu Libreta del escritor. Luego, compártelas en un grupo pequeño. Comenten sus ideas y elijan a un compañero para que presente las respuestas ante la clase.

- ¿Piensas que fue difícil para Julián pedirle a Gloria que fuera su amiga? ¿Por qué?
- ¿Cómo ayudó el papalote a que Julián y Gloria se hicieran amigos?

Más allá de la selección

- ¿Te acuerdas de alguna ocasión en que conociste a un nuevo amigo?
- Piensa en lo que "Gloria, quien podría ser mi mejor amiga" te enseña sobre la amistad.
- Añade al Tablero de conceptos y preguntas tus observaciones sobre la amistad.

Preguntas de enfoque ¿Cómo sería ir a la escuela en otro país? ¿Cómo harías amigos si no hablaras el mismo idioma que el resto de tus compañeros?

Niña ángel, niña dragón

Michele Maria Surat
ilustrado por Vo-Dinh Mai

Mis hermanas iban saltando de dos en dos al cruzar el portal de piedra. Mi mamá no estaba allí para saltar conmigo. Estaba muy lejos, en Vietnam. No me podía decir:

—Mi pequeña Ut, compórtate como un ángel. Sé feliz en tu nueva escuela en Estados Unidos.

Me abracé al muro y miré del otro lado.

Un niño de cabello rojo fuego me señaló con el dedo.

—¡Pijamas! —gritó—. ¡Vienen en pijamas blancas a la escuela!

Todos los niños estadounidenses echaron hacia atrás sus largas narices, riéndose.

Les di la espalda.

—Me quiero ir a casa para estar con mi padre y el pequeño Quang —dije.

Las manos de Chi Hai se posaron sobre mis hombros.

—Los niños se quedan donde los llevan sus padres, Ut. Tenemos que quedarnos.

En algún sitio sonó fuertemente una campana. Entre tantos niños que iban y venían perdí a mis hermanas.

—¡Pijamas! —gritaban en son de burla.

Adentro, los niños no se sentaban juntos ni cantaban como me habían enseñado. En vez de eso, levantaban la mano y decían las lecciones uno por uno. Escondí las manos, pero la maestra me llamó.

—Nguyen Hoa —dijo.

Hoa es mi verdadero nombre, pero soy Ut. En casa me llaman Ut. Es un nombre cariñoso para la hija más pequeña.

—Hoa —dijo la maestra lentamente—. Escribe tu nombre, por favor.

Me puso un pedazo de tiza en la mano y escribió en el aire.

—No entiende —susurré. Los niños de ojos redondos se rieron con disimulo. El niño pelirrojo me clavó un dedo en la espalda.

—¡Ponte de pie, Pijamas!

Me paré y saludé inclinando la cabeza.

—*Chao buoi sang* —dije como niña ángel. Los niños chillaron como arrendajos.

Me senté y levanté la tapa de mi escritorio, escondiendo mi cara de dragón enojado.

En lo profundo de mi bolsillo sentí el regalo de mi mamá: una cajita de fósforos de madera con bordes plateados. La saqué y tracé el *hoa-phuong* de la tapa. Cuando di un golpecito a la cajita, se asomaron por el borde los ojos de mi mamá.

—Estarás segura aquí adentro, mamá —le
dije—. ¿Ves? Hay espacio para ti junto a mis
crayones.

Sonrío con cara de escucharme y en mi
corazón, escuché su voz musical: —No te enojes,
mi pequeña hija —dijo—. Sé valiente, mi
pequeña dragón.

Fui valiente todo el día, aunque los niños
cuchicheaban a mis espaldas y las manecillas del
reloj hacían tictac lentamente. Finalmente, sonó
la campana. ¡Hora de irse a casa!

En cuanto me vio, el pequeño Quang gritó: "¡Ut! ¡Ut! ¡Ut!". Sus ojos risueños brillaban como semillas de sandía. Solté mis libros y me lo colgué a la cadera.

Trepado a caballito estaba feliz. Me jalaba el pelo mientras yo separaba hojas de menta y cebollines. El pequeño Quang colgaba fideos de arroz en los ganchos para las tazas. Papá y yo nos reíamos al verlo jugar feliz.

Por la noche, mi hermanito se enrolló junto a mí. Le mostré la cara solitaria de mamá adentro de la cajita. Rezamos juntos.

—Protege a mi mamá. Que pronto esté con nosotros.

Con la foto de mamá cerca, dormíamos como niños ángeles.

Así pasaron muchos días.

Un día, en la escuela, flotaron pequeñas plumas frente a las ventanas cubiertas de escarcha.

—Mamá —susurré—, esto es nieve. Hace que todo se ponga blando, hasta los enojados árboles sin hojas, para que parezcan bonitos.

Mientras esperaba la campana, mis dedos bailaban sobre el escritorio. En cuanto sonó, salí corriendo.

Afuera, los copos de nieve me dejaban besos húmedos en las mejillas.

—¡Chi Hai! —exclamé—. ¡Agarra unos copos!

—¡Desaparecen! —se quejó ella.

Justo cuando Chi Hai hablaba, una bola de
nieve le golpeó el mentón. Ese niño pelirrojo salió
como una flecha por detrás del basurero. Se reía
a más no poder.

Intenté ser un dragón noble, pero no pude. Sin
darme cuenta, empecé a hacer bolas de nieve. Me
quemaba las manos y los dedos se me pusieron
rojos. Arrojé la bola de nieve y se paró la risa.

¡De repente, el niño me hizo caer! Rodamos
por la nieve, pateando y gritando, hasta que la
manota del director me apretó el hombro.

—¡Adentro! —dijo en voz fuerte, y nos llevó al
salón de clase.

—No podemos tolerar estas peleas. Ustedes dos tienen que ayudarse el uno al otro —ordenó el director. Me señaló con el dedo.

—Hoa, debes hablar con Raimundo. Usa nuestras palabras. Cuéntale de Vietnam.

Raimundo lanzaba miradas de furia.

—Y tú, Raimundo, debes aprender a escuchar. Vas a escribir la historia de Hoa.

—Pero no entiendo lo que dice —se quejó Raimundo—. Habla muy raro. Además, no tengo lápiz.

—Usa éste, entonces —dijo el director. Puso el lápiz con un golpe en el escritorio, se dio vuelta y aventó la puerta. Sus zapatos chirriaban por el pasillo.

—¡Pijamas! —silbó Raimundo. Arrugó el papel y partió el lápiz en dos. Escondió la cabeza entre los brazos. ¿Cómo podía contarle mi historia a *él*?

Las manecillas del reloj se borraron ante mis ojos.

¡No! *No iba* a ser una niña ángel para este niño de corazón cruel.

Pero, más tarde, del otro lado del salón, escuché un lloriqueo. Los hombros de Raimundo se sacudían como los del pequeño Quang cuando lloraba llamando a mamá.

Me acerqué en silencio. Suavemente, le jalé la manga al triste niño. No se movió.

—Raimundo —le supliqué—, no llora. Te doy galleta.

De repente, levantó la cabeza.

—¡Hoa! —gritó—. Dijiste mi nombre y no usaste palabras raras.

Tomó un pedacito de galleta.

—Yo hablar como tú —contesté orgullosa—. Y tú llámame Ut. Ut es mi nombre en casa, de Vietnam.

—Está bien, *Ut* —dijo—. Pero sólo si me dices qué hay en la cajita.

—Mi mamá —le dije. Nos reímos y comimos el resto de las galletas.

—¿Por qué necesitas la foto de tu mamá? —me preguntó Raimundo.

—Mamá muy lejos —dije suavemente.

—¿No vino contigo?

—Muchos niños en mi familia —dije con un suspiro—. No dinero para traer mamá.

—Espera —dijo Raimundo. Tomó parte del lápiz roto. Le di una nueva hoja de papel.

—Ahora cuéntame sobre Vietnam —dijo.

Raimundo trazó unos garabatos negros. Yo dibujé con los crayones en el margen. Cuando terminamos, Raimundo se asomó a la puerta.

—¡Listo! —dijo sonriente. Hacía ondear la historia como si fuera una bandera.

Los pasos del director rechinaron en el pasillo.

—Se pueden ir —dijo el hombrezote.

Nos fuimos corriendo y cruzamos juntos el portón de piedra.

Al día siguiente, el director leyó nuestro relato a toda la escuela: "Estas niñas atravesaron muchos mares para llegar aquí. Dejaron atrás su casa, sus amigos y lo más importante de todo, a su mamá. Así que, ahora…"

—¡La mamá de Ut necesita dinero para el largo viaje en barco a Estados Unidos! —gritó una voz familiar.

Raimundo se paró en su silla.

—Y podríamos hacer una feria y *ganar* el dinero.

—¡Joven! —lo amonestó el director.

Raimundo se bajó de la silla.

—Podríamos… —insistió. Me tapé los ojos. Contuve la respiración. Chi Hai me apretó la mano.

—¡Una feria especial! ¡Una feria vietnamita! —exclamó mi maestra. Yo abrí los ojos de par en par.

Las cejas del director se movieron como orugas.

—Pero, ¿quién va a ayudar con la feria vietnamita?

—¡Yo! —gritó Raimundo.

—¡Nosotros también! —exclamaron los niños.

—Bueno, ¿entonces qué estamos esperando? —dijo
el director. Y todos aplaudimos por la feria.

En el día especial, me puse mi *ao dai* blanco y les di
a todos la bienvenida a nuestra feria vietnamita.

—*Chao buoi sang* —dije, haciendo una reverencia
como niña ángel.

—*Chao buoi sang* —me respondían con una sonrisa.

En lo alto, por encima de nosotros, flotaba al viento
libremente nuestro dragón arco iris. Abajo, Chi Hai y sus
amigos vendían galletas de arroz, panecitos imperiales y
galletas de sésamo. Raimundo reventó globos y se ganó
tres pececillos de colores. Le dio uno al pequeño Quang.

—No te lo comas —le advirtió.

Al final del día, teníamos justo el dinero suficiente para
enviarle a mamá. "¿Cuándo vendrá?", me pregunté.

Todos los días regresábamos a casa con la misma pregunta: "¿Cuándo vendrá mamá?"

Nos deslizamos por el frío invierno…

Nos salpicamos con las lluvias de primavera…

Caminamos descalzos de puntillas por el pasto, todavía esperando que llegara.

El último día de escuela, cuando sabía que las *hua-phuong* estaban en flor en Vietnam, Raimundo y yo corrimos a casa más rápido que todas mis hermanas. Fuimos los primeros en ver a papá y al pequeño Quang en la ventana y junto a ellos…

¡Mamá!

Niña ángel, niña dragón

Conoce a la autora

Michele Maria Surat es maestra de secundaria cerca de Washington, D.C., cuando no está escribiendo. El cuento de Ut, el personaje principal del relato, empezó cuando una estudiante vietnamita se acercó a ella con lágrimas en los ojos y le mostró la foto de su mamá que estaba en Vietnam. Michele quiso contar la historia de las valientes estudiantes con quienes trabajó con la esperanza de acercar más a los niños de Vietnam y de Estados Unidos.

Conoce al ilustrador

Vo-Dinh Mai es un autor y artista nacido en Vietnam. Llegó a Estados Unidos cuando tenía 27 años. Antes había estudiado arte en París, Francia. Además de pintar, a Vo-Dinh le encanta hacer grabados en madera. También disfruta haciendo ilustraciones para libros. Dice: *"Creo que las buenas ilustraciones enriquecen la mente del lector, sea joven o viejo..."*

Vo-Dinh regresó a su país durante la guerra de Vietnam. El autor comenta cómo influyó la guerra en su arte: *"La guerra entre los vietnamitas, y entre los vietnamitas y los estadounidenses reforzó mi fe en el milagro de la vida".*

Relación con el tema

En la selección

Anota tus respuestas en la sección de Respuestas de tu Libreta del escritor. Luego, compártelas en un grupo pequeño. Comenten sus ideas y elijan a un compañero para que presente las respuestas ante la clase.

- ¿Cómo le ayudó a Ut el regalo de su mamá cuando estaba en la nueva escuela sin amigos?
- ¿Cómo se hicieron amigos Ut y Raimundo?
- ¿Qué hizo Raimundo para demostrarle a Ut su amistad?

A través de las selecciones

- Ut, al igual que Gloria, se acaba de mudar a una nueva casa. ¿Qué aprendieron ambas sobre la amistad?

Más allá de la selección

- Piensa en lo que "Niña ángel, niña dragón" te enseña sobre la amistad.
- Añade al Tablero de conceptos y preguntas tus observaciones sobre la amistad.

Preguntas de enfoque ¿Por qué es importante que los amigos se ayuden entre sí? ¿Qué estarías dispuesto a hacer por ayudar a un amigo?

Los amigos

María Elena Walsh
ilustrado por Delana Bettoli

La vida canta, el tiempo vuela,
la dicha florece temprano.
Vamos al circo y a la escuela.
Mis amigos me dan la mano.

Seré su espejo verdadero,
su sombra fresquita, su hermano.
Yo los ayudo, yo los quiero.
Mis amigos me dan la mano.

Juguemos al amor profundo.
La voz leal, el ojo sano.
Vamos a visitar el mundo.
Mis amigos me dan la mano.

Vamos a todo lo que existe
—ronda de hoy, juego lejano—
sin quedar solo ni estar triste.
Mis amigos me dan la mano.

Preguntas de enfoque ¿Qué se siente cuando un amigo se
porta mal contigo? ¿Cómo haces las paces con un amigo
cuando te das cuenta de que la amistad es más importante
que cualquier cosa que haya causado la pelea?

La casa del árbol

Lois Lowry
ilustrado por Trina Schart Hyman

Era una fabulosa casa en un árbol. *Mejor* que
fabulosa: era maravillosa, magnífica, única en su tipo,
con paredes de madera pintadas de azul brillante. Tenía
dos ventanas con persianas rojas y una puerta amarilla
con dos bisagritas brillantes de cobre y una campanita
de cobre que tintineaba al jalar la cuerda. Tenía un
pequeño porche donde podías sentarte con las piernas
suspendidas en el aire.

Adentro había una mesa, una silla, un pequeño tapete
con flecos en los bordes, y dos almohadones mullidos
para poder recostarse a leer en el tapete.

Llegabas hasta ahí trepando una escalera, una escalera
a la mejor casa en un árbol que jamás hubieras visto.
Y la casa le pertenecía a Cristina.

—Es toda mía, ¿no es cierto? —preguntó Cristina a su abuelo en cuanto terminó de construírsela

—¿Sólo mía y de nadie más?

El abuelo estaba lavando su brocha. Asintió con la cabeza.

—La construí sólo para ti —dijo.

Entonces, Cristina usó sus marcadores para hacer un letrero. CASA DE CRISTINA, decía el letrero: ¡PROHIBIDA LA ENTRADA! Y con una tachuela lo clavó en la puerta. Después, llevó sus libros favoritos a la casa del árbol, se acomodó en los almohadones y comenzó a leer.

—¿Cristina? —La voz venía del jardín vecino, justo del otro lado de la cerca.

Cristina se levantó y miró por la ventana de la casa del árbol.

—¡Hola, Lía! —le dijo a la niña que vivía en la casa de al lado.

—¿Qué te parece mi casa ahora que está acabada?

—Es hermosa —dijo Lía.

—¿Qué tienes adentro?

—Una mesa y dos sillas y una alfombra y algunos almohadones —le contestó Cristina—. Y algunas cositas secretas —agregó. En realidad, no tenía cosas secretas, pero *planeaba* tenerlas.

—¿Puedo subir y ver? —preguntó Lía.

—No —dijo Cristina—. Es sólo para mí. Por eso hice el letrero.

Lía se quedó en silencio por un momento. Después dijo:

—Te odio, Cristina.

—Yo también te odio —replicó Cristina. Regresó a los almohadones y abrió su libro de nuevo.

Un poco después, escuchó voces en el jardín vecino. Se asomó por la ventana y vio que el papá de Lía estaba allí con ella. Tenían una carretilla llena de tablas viejas y un frasco de clavos. Mientras Cristina miraba por la ventana, vio al padre de Lía apoyar una vieja escalera contra el tronco del árbol del otro lado de la cerca. Después de asegurarse de que la escalera estuviera firme, se trepó, cargando una tabla, y empezó a clavarla en la parte donde se unían las ramas.

Estaba haciendo una casa en el árbol para Lía. Cristina
se rió por dentro. El papá de Lía estaba en casa porque
se había quedado sin trabajo. Sabía que no disponían de
dinero extra en este momento para cosas como pintura
y bisagras de cobre. La casa de Lía nunca iba ser tan
bonita como la suya. Nunca, ni en un millón de años.
Cristina continuó con su libro y, mientras pasaba las
hojas, los martillazos continuaban.

Esa noche, después de la cena, Cristina se paró junto
a la cerca y miró la casa de Lía, ya terminada. Se rió
fuertemente.

Su abuelo había tardado una semana en construir su
hermosa casa del árbol. El abuelo había usado tablas
nuevas de la maderería. Pero la de Lía quedó terminada
en un día y Cristina se dio cuenta de que estaba hecha
con un montón de tablas viejas que estaban en un rincón
del patio de Lía. Sólo quedaba allí ahora una tabla; las
otras se habían convertido en la casa del árbol.

La casa tenía paredes, un porche, una puerta y dos ventanas, pero no tenía persianas ni pintura y no tenía campana. Las tablas estaban torcidas y el techo tenía grietas entre los pedazos de madera que no habían ajustado bien.

Ni siquiera el letrero estaba bien hecho, porque Lía había usado crayones en lugar de marcadores. Pero el mensaje era exactamente igual. CASA DE LÍA, decía: PROHIBIDA LA ENTRADA.

Lía se asomó por la ventana de su casa.

—Tu casa no es tan bonita como la mía —le dijo Cristina.

—No por afuera —dijo Lía—. Pero por dentro es mejor.

Cristina quería saber qué tendría Lía adentro de su casa. Pero no le preguntó.

Por varios días, las dos niñas no se dirigieron la palabra. Se sentaban solas en sus casas del árbol. Para el cuarto día, Cristina ya había terminado todos sus libros y había leído algunos dos veces. Se asomó a la ventana y llamó a Lía desde el otro lado de la cerca.

—¿Tienes algún libro para prestarme? —preguntó cuando vio que asomaba la cabeza.

—No. Nuestro auto no funciona y no podemos ir a la biblioteca.

—¿No tienes *ningún* libro?

Lía negó con la cabeza.

Cristina se volvió a sentar. Se preguntó cómo sería estar en la casa del árbol sin libros.

Se preguntó qué estaría haciendo allí Lía.

Finalmente, la llamó otra vez desde el otro lado de la cerca.

—¿Quieres que te preste algunos de mis libros? —preguntó. Y Lía le dijo que sí.

Cristina bajó, se paró junto a la cerca y le entregó dos libros a Lía, quien también había bajado por su escalera.

55

—Tengo algunas bananas —dijo Lía—. ¿Quieres una?

Cristina asintió y Lía trepó y volvió con una banana y se la pasó por encima de la cerca.

De regreso a su casa del árbol, Cristina peló la banana y se la comió. Después llamó de nuevo a Lía.

—¿Tienes una cesta de basura en tu casita? No quiero ensuciar mi alfombra con la cáscara de banana.

Lía asintió, mirando desde su ventana. Cristina y Lía bajaron y Cristina le entregó la cáscara por encima de la cerca.

Las dos volvieron a sus casitas. Cristina se sentó sola y por un momento admiró su tapete con flecos, después, hojeó nuevamente sus libros, preguntándose qué estaría haciendo Lía. La llamó por la ventana.

—¿Lía?

Lía se asomó.

—¿Qué?

—Si quieres, podría ir a visitarte —dijo Cristina. Lía no le contestó—. O tú podrías venir a visitarme —añadió.

—Tu letrero dice PROHIBIDA LA ENTRADA —señaló Lía—. Lo mismo dice el mío.

—Bueno —sugirió Cristina—, podríamos cambiarlos.

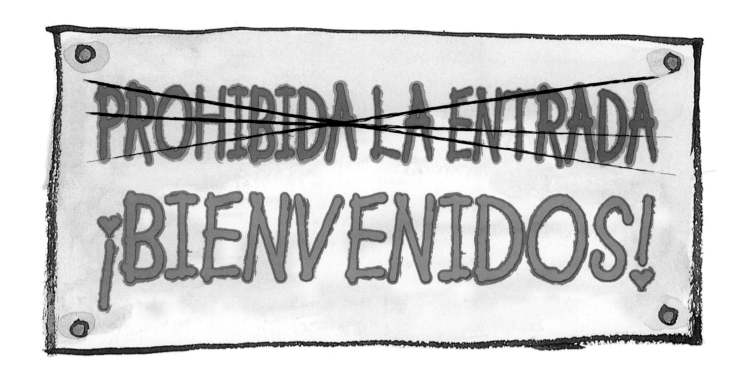

Lía asintió. Cada una tachó de su letrero las palabras PROHIBIDA LA ENTRADA y en su lugar, escribieron: BIENVENIDOS. Volvieron a colgar sus letreros.

—¿Sabes una cosa, Cristina? —dijo Lía —. Podemos usar esa tabla ancha que está en la esquina de mi jardín. Puede ir de mi porche a tu porche sobre la cerca. Entonces podríamos visitarnos cruzando la tabla.

Cristina midió con los ojos la distancia y la altura. —¿Y si nos caemos?

—No es muy alto —señaló Lía—. Y si nos encontramos a mitad del camino y nos tomamos de las manos, podríamos ayudarnos a cruzar.

Bajaron las escaleras. La tabla era pesada, pero cada una la tomó de un extremo y pudieron levantarla y colocarla en su lugar. En pocos minutos habían hecho un puente sobre la cerca entre las dos casitas.

Cristina salió al porche de su casa y caminó sobre la ancha tabla. Tomó la mano que Lía le tendía y cruzó. Entró a la casa de Lía y miró por todos lados.

No había alfombra, y los únicos libros eran los que ella le había prestado a Lía. Pero había un tazón con fruta, una cesta de basura y cortinas en las ventanas. Las paredes estaban cubiertas con retratos de mujeres hermosas; las más hermosas que Cristina jamás hubiera visto.

—Me gusta tu colección de arte, Lía —dijo Cristina.

—Quedaron de sobra en el sitio donde trabaja mamá —explicó Lía—. Ella trabaja en un salón de belleza. Todos los años reciben fotos de los nuevos estilos de peinados. Estos son los del año pasado.

—No lo hubiera adivinado. Parecen nuevas.

—Mi casita no es tan bonita como la tuya —agregó Lía—. Dije que por dentro era mejor, pero no es cierto.

—Yo no tengo alfombra —admitió Cristina—. Sólo un tapete viejo. Y no tengo cortinas, ni cuadros en las paredes.

—Te podría dar una de mis fotos. Dos, tal vez. Te puedes quedar con la rubia despeinada y la morena de pelo corto.

—A mi abuelo le sobró pintura. Te podría pintar tu casita por fuera para que ambas queden iguales. Pero me temo que no hay otra campana.

—Ahora que mi letrero dice BIENVENIDOS, no creo que necesite una campana —dijo Lía.

—La verdad es que no te odio, Lía —dijo Cristina.

—La verdad es que yo tampoco te odio —dijo Lía.

Se sentaron juntas en el porche de Lía y miraron a su alrededor muy contentas.

—¿Cuál crees que es la mejor parte de una casa en un árbol, Cristina? —preguntó Lía.

Cristina pensó. Miró hacia su casita, con sus persianas y sus bisagras de cobre. Miró la de Lía, con su tazón de manzanas rojas y sus cortinas amarillas.

—La *mejor* parte de todas —dijo finalmente— es el puente.

La casa del árbol

Conoce a la autora

Lois Lowry nació en Honolulu, Hawai. Su padre estaba en el ejército, así que la familia vivió en muchos lugares diferentes. Ella asistió a la secundaria en Tokio, Japón. Lowry aprendió a leer por su cuenta antes de los cuatro años, cuando se dio cuenta de que las letras eran sonidos, los sonidos se convertían en palabras, las palabras en oraciones y las oraciones en cuentos. Se emocionó tanto con su descubrimiento que dice: *"Ahí fue cuando decidí que un día iba a escribir libros"*. Escribió su primer libro de cuentos para niños a los cuarenta años, y se lo dedicó a su hermana Helen, quien murió de cáncer. Desde entonces ha publicado muchos cuentos para niños, algunos basados en las vidas de sus propios hijos.

Conoce a la ilustradora

Trina Schart Hyman trabajó muchos años antes de llegar a ser una famosa ilustradora de libros para niños. Empezó a dibujar cuando era joven y asistió a escuelas de arte en Filadelfia, su ciudad natal. Cuando vivía en Suecia, consiguió su primer trabajo ilustrando *Las medias largas de Pippi*. Tan sólo se demoró dos semanas en ello. Más adelante, regresó a Estados Unidos y sufrió muchos rechazos antes de conseguir trabajo como ilustradora. En 1985 ganó el Premio Caldecott, uno de los premios más importantes en libros infantiles, con *San Jorge y el dragón*. Trina Schart Hyman es conocida por usar en las ilustraciones personajes que le son familiares, como sus vecinos, amigos, los hijos de ellos y sus propios hijos.

60

Relación con el tema

En la selección

Anota tus respuestas en la sección de Respuestas de tu Libreta del escritor. Luego, compártelas en un grupo pequeño. Comenten sus ideas y elijan a un compañero para que presente las respuestas ante la clase.

- ¿Cómo perjudicó la casa del árbol de Cristina su amistad con Lía?
- ¿Por qué Cristina y Lía decidieron cambiar sus letreros de **PROHIBIDA LA ENTRADA** a **BIENVENIDOS?**

A través de las selecciones

- ¿En qué se parece este cuento a otros que has leído?
- ¿En qué se diferencian Cristina y Julián, el niño de "Gloria, quien podría ser mi mejor amiga"?

Más allá de la selección

- ¿Has tenido alguna vez una discusión con un amigo? ¿Te dio el cuento alguna idea de cómo hacer las paces con un amigo?
- Piensa en lo que "La casa del árbol" te enseña sobre la amistad.
- Añade al Tablero de conceptos y preguntas tus observaciones sobre la amistad.

Conjunción. 1971. **Romare Bearden.** Piquette. ©Fundación Romare Bearden/Bajo licencia de VAGA, Nueva York, NY.

Niñas tomadas de la mano. s.XX
Ángel Botello. Christie's Images.

*Los buenos
amigos.* c. 1864
Honoré Daumier.
Pluma, pincel y
tinta, crayón conte,
acuarela y
carboncillo en
papel avitelado.
236 × 303 mm.
Museo de Arte de
Baltimore.

Preguntas de enfoque ¿Cómo se sentiría tener a una mascota como mejor amigo? ¿Cómo se sentiría perder a un amigo, aunque fuera por una buena razón?

Rugby y Rosy

Nan Parson Rossiter

Rugby es mi perro. Es un perro labrador color chocolate y lo hemos tenido desde que yo recuerdo.

Camina conmigo a la parada del autobús escolar por las mañanas y me espera ahí cuando regreso a casa. Me sigue por todos lados cuando hago mis quehaceres y duerme junto a mi cama por las noches. Es mi mejor amigo.

Solíamos hacer todo juntos, sólo los dos.

Pero un buen día llegó Rosy.

Un día de otoño, mi papá trajo a casa una cachorrita amarilla. Se llamaba Rosy. Era tan linda que me encantó en cuanto la vi. Pero no era una cachorrita común y corriente. Iba a vivir con mi familia sólo por un año.

Para ese entonces, Rosy tendría edad suficiente para ir a una escuela especial. Allí aprendería a ser guía para ciegos. Rosy y su nuevo dueño estarían siempre juntos. Serían muy buenos amigos. Como Rugby y yo.

Yo sabía todo esto antes de que viniera Rosy, pero Rugby no tenía ni idea. Le llevé alzada a la cachorrita para ver cómo reaccionaría ante ella. La perrita se echó ansiosa hacia el frente y lamió a Rugby justo en la nariz.

Rugby la olfateó una vez y se alejó. Dejó muy claro que no estaba interesado en ser su amigo.

—Vamos, Rugby —dije—. Quiere jugar contigo.

Y era verdad. Rosy quería jugar. Pero Rugby no estaba de humor para ello.

Mi mamá y mi papá me dijeron que fuera paciente con Rugby, que se acostumbraría a tener otro perro en casa. Pero yo no estaba seguro. Parecía muy triste. Tal vez pensaba que yo ya no lo quería, pero, ¡no era cierto!

Rosy se acostumbró a la familia de inmediato. Era muy amistosa y siempre quería jugar. Perseguía cualquier cosa y después se devolvía. Quería a toda la familia, ¡incluso a Rugby! Pero él todavía no era amistoso. Día tras día, Rugby sólo parecía desanimado y no jugaba con nosotros.

Eso no le molestaba a Rosy para nada. Pensaba que Rugby era lo máximo. Trotaba detrás de él para perseguirlo, corría entre sus piernas, lo hacía tropezar, le saltaba encima y le ladraba.

Rugby no le hacía el menor caso.

Pero Rosy no se daba por vencida.

Entonces, un día, Rugby no me estaba esperando en la parada del autobús. Me preocupé. *Siempre* me esperaba en la parada.

Corrí a casa, y allí encontré a Rugby dormido en el porche. Enrollada a su lado, como una bolita, estaba Rosy.

—¡Rugby! —grité. Me miraron ambos moviendo la cola. Rosy bostezó, se estiró y se volvió a acomodar junto a Rugby.

De ahí en adelante, Rugby y Rosy andaban siempre juntos. Retozaban, jugaban y perseguían las hojas cuando caían. Y *ambos* me esperaban en la parada del autobús.

Rosy estaba creciendo, pero todavía era una cachorrita con mucha energía. ¡El pobre y viejo Rugby hacía todo lo posible por mantenerse a la par de ella! Pronto llegó el invierno y los tres corríamos y nos perseguíamos por la nieve recién caída. ¡Nos divertíamos tanto juntos!

Algunas veces parecía que Rosy siempre hubiera estado con nosotros y que así iba a ser toda la vida. No quería ni pensar en el día en que tendría que irse.

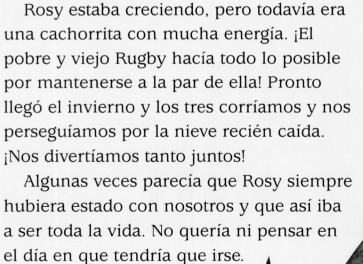

Rosy ya tenía edad para recibir lecciones breves.
Papá me mostró cómo enseñarle a obedecer órdenes
simples: *ven, siéntate, párate, acuéstate, quieta* y *para.*

Todos trabajamos para enseñarle buenos modales.
Un perro que pidiera comida en el comedor o que
saltara encima de la gente no sería un buen guía.

Rosy aprendía rápidamente. Papá dijo que era muy
lista y que le encantaba complacer a la gente. Pero
tenía que pasar muchas pruebas antes de convertirse
en perra guía.

Le pregunté a papá qué ocurriría si Rosy no pasaba las pruebas. Dijo que no podría ser perra guía, pero que todavía podría ser buena mascota. Entonces, podríamos quedarnos con ella.

Ahora no sabía qué pensar. Quería que Rosy saliera bien. Quería sentirme orgulloso de ella. Y quería que algún día ayudara a una persona ciega. Sabía lo importante que eso era. No obstante, cada vez era más difícil pensar que Rosy se fuera. ¿Y cómo se lo iba a explicar a Rugby? Él adoraba a Rosy tanto como yo. Ahora, los tres éramos grandes amigos.

Cuando llegó la primavera, mi familia empezó
a llevar a Rosy en viajes. Queríamos que se
acostumbrara a los carros y autobuses y a los lugares
donde tendría que llevar a su dueño ciego, como el
banco y la tienda. Hasta la llevamos a un restaurante.
Claro está que Rugby no podía venir con nosotros.
Siempre parecía triste cuando Rosy iba a algún lado
adonde él no podía ir. Y yo sabía que nos estaría
esperando cuando regresáramos a casa.

En cuanto llegábamos, Rosy saltaba del auto y los
dos salían corriendo, ladrando, jugando y brincando.
Más tarde, regresaban a casa a tiempo para comer,
embarrados y mojados, con la lengua afuera.

Pronto llegó el verano. Los días eran largos y
calurosos. Rosy ya casi era adulta. Era una perra muy
hermosa. A Rosy y a Rugby les gustaba dormir juntos
bajo la sombra fresca. Algunas veces, los tres íbamos
a nadar a un lago cercano. A los dos les encantaba
recoger palos y pelotas de tenis que yo les arrojaba
al agua.

Fue un verano maravilloso y quería que durara para
siempre.

Sabía que cuando llegara el otoño, Rosy se iría. Cuando llegó ese día, traté de ser valiente. Rugby y yo nos paramos y observamos cómo papá abrió la puerta del auto para que entrara Rosy. Rugby no estaba enojado. No sabía que Rosy no iba a regresar. Pero yo estaba muy triste. Llevé a Rugby a una larga caminata y traté de no pensar en Rosy. Era como en los viejos tiempos, antes de que ella llegara, cuando sólo éramos nosotros dos.

Cuando papá regresó, Rugby estaba esperando, moviendo la cola. Pero, por supuesto, Rosy no estaba en el auto. Rugby la buscó por todas partes. Se quejaba. Yo quería explicarle todo, pero sabía que no podía entender. En vez de eso, recliné mi cara en su cuello y le dije suavecito: "Se fue, a mí también me hace falta".

Todos extrañábamos muchísimo a Rosy, especialmente Rugby. Sus entrenadores llamaron varias veces. Al principio, yo esperaba que Rosy no estuviera haciendo las cosas bien. Entonces podría regresar a vivir con nosotros. Pero los entrenadores dijeron que le iba muy bien y que se graduaría pronto con su nueva dueña. Me sentía confundido. No quería pensar en Rosy con su nueva dueña, pero sabía qué importante sería ella para una persona que la necesitara. ¿Podría esa persona quererla tanto como Rugby y yo la habíamos querido?

Quería ir a la graduación y ver a Rosy otra vez. Entonces se me ocurrió una gran idea. Le pregunté a papá si podríamos llevar también a Rugby. Sabía cuánto extrañaba él a Rosy. Después de todo, eran grandes amigos.

Conseguimos un permiso especial para que Rugby fuera a la graduación. Apenas podía esperar.

76

En la graduación había mucha gente y perros.
Rugby encontró a Rosy enseguida. Estaba con su arnés
de perra guía, parada junto a su nueva dueña. Parecía
muy calmada, y pensamos que parecía orgullosa.
Rugby se dirigió hacia Rosy, jalándome a mí de paso.
Los dos perros se saludaron nariz con nariz, batiendo
las colas. Pero Rosy no se movía del lado de su dueña.
Ahora era una perra trabajadora con una importante
tarea para hacer.

Su dueña conversó con nosotros por un rato. Nos dijo lo agradecida que estaba de tener a Rosy, porque era una perra maravillosa. Y nos dio las gracias por haberla cuidado tan bien mientras era una cachorra.

Cuando llegó el momento de irnos, nos despedimos de Rosy. ¡Pobre Rugby! De regreso a casa en el auto, traté de hacerlo sentir mejor. Le hablé y lo acaricié. Le dije que la nueva dueña quería mucho a Rosy y que la cuidaría muy bien.

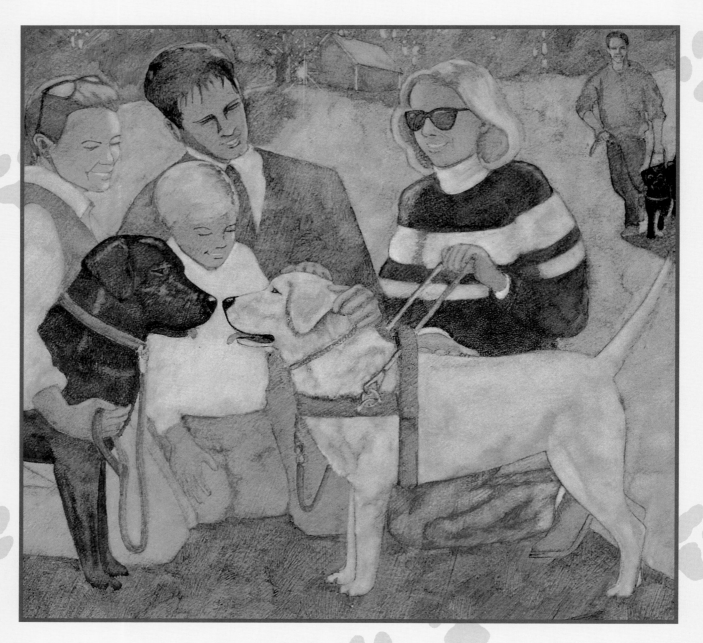

A la mañana siguiente, Rugby todavía estaba
desanimado cuando mi papá salió en el auto. Me sentía
ansioso y nervioso a la vez.

Sabía a dónde iba papá.

Cuando el auto volvió, yo estaba esperando con Rugby.
Papá bajó del auto. Entre sus brazos traía un cachorrito
inquieto. Yo sabía que estaba agarrado a Rugby con
demasiada fuerza, esperando y deseando. Yo quería que
entendiera que, como todos habíamos querido tanto a
Rosy, habíamos decidido ayudar a criar a otro cachorrito
que sería nuestro por un año.

Papá se arrodilló frente a Rugby.

—Rugby —dijo—, éste es Azul.

Rugby extendió la cabeza y lamió al cachorrito en la
punta de la nariz.

Rugby y Rosy

Conoce a la autora e ilustradora

Nan Parson Rossiter usa como tema central en sus narraciones el dolor de la separación de los seres queridos. Sus relatos son especiales porque los seres queridos son animales. En *"Rugby y Rosy"*, los personajes principales deben aprender a separarse de una mascota que han cuidado por largo tiempo. Ella nunca ha criado a un perro guía, pero respeta a los que lo hacen. La autora entiende el tiempo, amor y desconsuelo que forma parte de esta tarea tan valiosa. Nan tiene un labrador color chocolate llamado Briar. Ella vive en Connecticut con su esposo y sus hijos. Cada otoño, le fascina escuchar la triste canción de los gansos canadienses cuando migran hacia el Sur.

Relación con el tema

En la selección

Libreta del escritor

Anota tus respuestas en la sección de Respuestas de tu Libreta del escritor. Luego, compártelas en un grupo pequeño. Comenten sus ideas y elijan a un compañero para que presente las respuestas ante la clase.

- Rugby y el niño son grandes amigos. ¿Qué pasa con su amistad cuando Rosy viene a vivir con la familia?
- Rosy tuvo que dejar a la familia después de un año para aprender a ser perra guía. ¿Por qué deseaba a veces el niño del cuento que Rosy no hiciera un buen trabajo con sus entrenadores?

A través de las selecciones

- ¿En qué se diferencia este cuento de otros que has leído?
- Compara cómo el niño de este cuento y Cristina y Lía, de "La casa del árbol", demostraron amistad al entregar algo.

Más allá de la selección

- Piensa en lo que "Rugby y Rosy" te enseña sobre la amistad.
- Añade al Tablero de conceptos y preguntas tus observaciones sobre la amistad.

Preguntas de enfoque ¿Por qué debemos a veces mostrar valor para mantener una amistad? ¿Por qué es importante en una amistad trabajar juntos hacia una meta en común?

Compañeros de equipo

Peter Golenbock
ilustrado por Paul Bacon

Jackie Robinson

Pee Wee Reese

Jackie Robinson no era sólo mi compañero de equipo. Era tremendamente talentoso, capaz y dedicado. Jackie marcó una pauta para las generaciones futuras de jugadores de béisbol. Era un ganador. Jackie Robinson también era un ser humano.

—PEE WEE REESE

31 de octubre de 1989

Hubo una época en los Estados Unidos en que los autos eran negros y parecían tanques y la ropa recién lavada era blanca y se colgaba a secar en tendederos, y existían dos ligas de béisbol maravillosas que ya desaparecieron. Se llamaban las Ligas Negras.

Las Ligas Negras tenían jugadores extraordinarios, y aficionados que los adoraban y que iban a verlos jugar a donde fuera. Eran vistos como héroes, pero los jugadores de las Ligas Negras no ganaban mucho y vivir yendo de un lado a otro no les era nada fácil.

En la década de los cuarenta no existían leyes contra la segregación. En muchos lugares de este país no se les permitía a las personas de raza negra asistir a las mismas escuelas e iglesias que los blancos. No se podían sentar en la parte del frente en autobuses y tranvías. No podían beber agua de las mismas fuentes que los blancos.

Satchel Paige

83

En ese entonces, muchos hoteles no les alquilaban habitaciones a los negros, así que los jugadores de las Ligas Negras dormían en sus autos. En muchos pueblos no había restaurantes que les quisieran servir, y a menudo tenían que comer cosas que pudieran traer consigo.

La vida era muy diferente para los jugadores de las Ligas Mayores. Eran las ligas para los jugadores blancos. En comparación con los jugadores de las Ligas Negras, los blancos estaban muy bien pagados. Se hospedaban en buenos hoteles y comían en buenos restaurantes. Sus fotos aparecían en las tarjetas de béisbol y los mejores jugadores se volvían famosos en todo el mundo.

Branch Rickey

Muchos estadounidenses sabían que el prejuicio racial era algo erróneo, pero muy pocos se atrevían a desafiar abiertamente lo establecido. Mucha gente se mostraba apática respecto a los problemas raciales. Algunos temían que fuera peligroso presentar objeciones. Había grupos vigilantes, como el Ku Klux Klan, que reaccionaban violentamente contra quienes intentaban cambiar la manera en que se trataba a los negros.

El gerente general del equipo de béisbol de los Brooklyn Dodgers era un hombre llamado Branch Rickey. Él no le tenía miedo al cambio. Deseaba complacer a los aficionados de los Dodgers con los mejores jugadores que se pudiera encontrar, sin importar el color de la piel. Pensaba que la segregación era injusta y quería dar a todos, cualquiera que fuera su raza o credo, la oportunidad de competir en pie de igualdad en todos los campos de béisbol de Estados Unidos.

Para poder realizar esto, los Dodgers necesitaban un hombre especial. Branch Rickey se lanzó en su búsqueda. Buscaba a un jugador estrella de las Ligas Negras que pudiera competir con éxito a pesar de las amenazas de muerte o intentos de agresión. Tendría que saber controlarse para no pelear contra los jugadores del equipo contrario cuando intentaran intimidarlo o lastimarlo. Si este hombre era desacreditado en el campo de juego, Rickey sabía que sus oponentes lo iban a usar como excusa para no aceptar a jugadores negros en la Liga Mayor de béisbol durante muchos años más.

Rickey pensó que Jackie Robinson podría ser ese hombre.

Jackie tomó el tren a Brooklyn para conocer al Sr. Rickey. Cuando el Sr. Rickey le dijo:

—Quiero un hombre que tenga el valor de no aceptar insultos y no desquitarse. —Jackie Robinson contestó:

—Si usted se arriesga, yo haré todo lo posible por cumplir.

Se dieron la mano. Branch Rickey y Jackie Robinson estaban iniciando lo que se conocería en la historia como "el gran experimento".

Jackie Robinson y Branch Rickey

Durante el entrenamiento de primavera con los Dodgers, a Jackie lo rodeaban multitudes de negros, jóvenes y viejos, como si fuera un salvador. Él era el primer jugador negro que intentaba ser parte de un equipo de la Liga Mayor. Si tenía éxito, otros seguirían su ejemplo.

Al principio, la vida con los Dodgers fue para Jackie una serie de humillaciones. Los jugadores de su equipo que venían del Sur, y que habían aprendido desde niños a evitar a los negros, se cambiaban de mesa cuando él se sentaba a su lado. Muchos jugadores de equipos contrarios fueron crueles con él, y le lanzaban insultos desde sus cobertizos de espera. Algunos intentaron lastimarlo con los tacos de sus botines. Los lanzadores le apuntaban a la cabeza. Y recibió amenazas de muerte, tanto de individuos como de organizaciones como el Ku Klux Klan.

Fotografía del equipo de los Brooklyn Dodgers en 1947.

A pesar de todas las dificultades, Jackie Robinson no se dio por vencido. Pasó a formar parte del equipo de los Dodgers de Brooklyn.

Pero formar parte del equipo de los Dodgers fue sólo el principio. Jackie tuvo que enfrentarse al abuso y a la hostilidad durante toda la temporada, desde abril hasta septiembre. Lo peor era el dolor que sentía por dentro. A menudo, se sentía muy solo. En los viajes tenía que vivir por su cuenta, ya que sólo los jugadores blancos podían entrar a los hoteles de los pueblos donde jugaba el equipo.

Durante toda la vida, cuando Pee Wee Reese, quien jugaba entre la segunda y la tercera base de los Dodgers, se estaba criando en su pueblo natal de Louisville, Kentucky, escasamente había visto a un negro, a menos que estuviera en la parte trasera del autobús. La mayoría de sus amigos y parientes no soportaban el hecho de que él jugara en el mismo campo que un negro. Además, Pee Wee Reese tenía mucho más que perder que los otros jugadores cuando Jackie se unió al equipo.

Jackie Robinson

Jackie había jugado entre la segunda y la tercera base y todo el mundo pensaba que tomaría el lugar de Pee Wee. Otros hombres de menor calibre se habrían enojado con Jackie, pero Pee Wee era diferente. Se dijo: "Si es tan bueno como para tomar mi lugar, se lo merece".

Cuando sus compañeros sureños circularon una petición para que echaran a Jackie del equipo y le pidieron que la firmara, Pee Wee respondió:

—No me importa si este hombre es negro, azul o a rayas —dijo, y se rehusó a firmar—. Sabe jugar y nos puede ayudar a ganar —les dijo a los demás—. Eso es lo que cuenta.

Muy al principio de la temporada, los Dodgers viajaron a Ohio para jugar con los Rojos de Cincinnati. Cincinnati está cerca de Louisville, la ciudad natal de Pee Wee.

Los Rojos jugaban en un pequeño parque de béisbol donde los aficionados se sentaban cerca del campo de juego. Los jugadores podían casi sentir la respiración de los aficionados en sus cuellos. Muchos de los asistentes le gritaron a Jackie cosas horribles y llenas de odio cuando los Dodgers estaban en el campo.

Pee Wee Reese creía, más que en ninguna otra cosa, en hacer siempre lo correcto. Cuando escuchó a los aficionados gritarle a Jackie, Pee Wee decidió declarar abiertamente su posición.

Con la cabeza en alto, Pee Wee caminó directamente desde su lugar hasta donde estaba Jackie jugando en la primera base. Las burlas y los gritos de los aficionados resonaban en los oídos de Pee Wee. Esto lo entristeció porque sabía que podrían ser sus amigos y vecinos. Pee Wee sintió que las piernas le pesaban, pero sabía qué tenía que hacer.

Mientras caminaba hacia Jackie en el uniforme gris de los Dodgers, observó la valentía y el dolor en los ojos de su compañero de equipo. El hombre de la primera base no había hecho nada para provocar esa hostilidad; sólo buscaba ser tratado con igualdad.

Jackie estaba ceñudo por la ira. Pee Wee sonrió ampliamente al llegar hasta donde estaba Jackie. Jackie le devolvió la sonrisa.

Pee Wee se paró al lado de Jackie y le pasó el brazo por los hombros. La muchedumbre lanzó un breve grito de asombro cuando vieron lo que Pee Wee había hecho. Después se hizo un silencio total.

Allí estaban parados estos dos grandes atletas, uno negro y el otro blanco, perfilados contra un mar de hierba verde, vistiendo el mismo uniforme.

—Tiene todo mi apoyo —le dijo Pee Wee Reese al mundo—. Este hombre es mi compañero de equipo.

Compañeros de equipo

Conoce al autor

Peter Golenbock es cronista deportivo, y su pasión es el béisbol. Recuerda cuando asistió a la Serie Mundial de 1956 con su tío y después conoció a Jackie Robinson. El autor dice: *"Tenía 12 años y nunca me olvidaré cómo me impactó lo grande que era"*. A lo largo de su carrera, Peter Golenbock ha tenido la oportunidad de conocer a muchos jugadores famosos y de escuchar sus relatos acerca de la historia del juego. Incluso ha escrito biografías de algunos jugadores con los que ha hablado. Ha escrito libros ampliamente conocidos sobre deportes, pero éste es el primer libro que ha escrito para niños.

Conoce al ilustrador

Paul Bacon es un ilustrador premiado y famoso diseñador de cubiertas de libros. Vive en Clintondale, Nueva York, con su esposa.

92

Relación con el tema

En la selección

Anota tus respuestas en la sección de Respuestas de tu Libreta del escritor. Luego, compártelas en un grupo pequeño. Comenten sus ideas y elijan a un compañero para que presente las respuestas ante la clase.

- A Jackie Robinson, el primer jugador negro de las Ligas Mayores, no siempre lo trataron bien. ¿Cómo le demostró Pee Wee Reese su amistad a Jackie?
- ¿Por qué era tan importante la amistad de Pee Wee?

A través de las selecciones

- ¿Qué otros cuentos mencionan una amistad como la de Jackie y Pee Wee?
- ¿En qué se parece este cuento a "Gloria, quien podría ser mi mejor amiga"?

Más allá de la selección

- Piensa en lo que "Compañeros de equipo" te enseña sobre la amistad.
- Añade al Tablero de conceptos y preguntas tus observaciones sobre la amistad.

Preguntas de enfoque ¿Cuál sería una verdadera prueba de amistad? ¿Qué estarías dispuesto a entregar por un amigo?

LA LEYENDA DE DAMÓN Y PITIAS

adaptada al teatro por Fan Kissen

ilustrada por Fabricio Vanden Brock

REPARTO

Damón	Segundo ladrón
Pitias	Primera voz
Soldado	Segunda voz
Rey	Tercera voz
Madre	Anunciador
Primer ladrón	Narrador

SONIDOS

Puerta de hierro que se abre y se cierra
Llave en la cerradura

ANUNCIADOR: ¡Un saludo a toda nuestra audiencia! Ésta es otra vez la hora de los cuentos. El cuento de hoy trata de una fuerte amistad entre dos hombres. Escuchen y sabrán cómo uno de estos hombres estuvo dispuesto a entregar su vida por su amigo.

MÚSICA: *(Sube hasta el máximo y baja.)*

NARRADOR: Hace mucho, mucho tiempo vivían en la isla de Sicilia dos jóvenes llamados Damón y Pitias. Eran bien conocidos por todos a causa de la fuerte amistad que los unía. Sus nombres han llegado hasta nuestros tiempos para significar verdadera amistad. Puede que escuchen esto cuando se habla de dos personas:

PRIMERA VOZ: ¿Esos dos? Pero hombre, ¡si son como Damón y Pitias!

NARRADOR: El Rey de esa comarca era un cruel tirano. Hacía leyes crueles y no tenía ninguna piedad con quien las rompiera. Entonces, pueden muy bien preguntarse:

SEGUNDA VOZ: ¿Por qué el pueblo no se rebelaba?

NARRADOR: Bueno, la gente no se atrevía a rebelarse porque temía al grande y poderoso ejército del Rey. Nadie se atrevía a decir una palabra contra el Rey o sus leyes; excepto Damón y Pitias. Un día, un soldado alcanzó a oír a Pitias hablando en contra de una nueva ley que el Rey había proclamado.

SOLDADO: ¡Oye! ¿Quién eres tú que te atreves a hablar así de nuestro Rey?

PITIAS: *(Sin temor)* Me llaman Pitias.

SOLDADO: ¿No sabes que es un delito hablar contra el Rey o sus leyes? ¡Estás bajo arresto! Ven y dile tus opiniones al Rey en su propia cara.

MÚSICA: *(Una breve cortina musical)*

96

NARRADOR: Cuando Pitias fue llevado ante el Rey, no mostró miedo alguno. Se mantuvo erguido y tranquilo frente al trono.

REY: *(Duro, cruel)* ¡Bien, Pitias! Me dicen que no estás de acuerdo con las leyes que hago.

PITIAS: No soy el único, Majestad, en pensar que sus leyes son crueles. Pero usted rige a su pueblo con tal puño de hierro, que nadie se atreve a quejarse.

REY: *(Enojado)* Pero, ¡*tú* tienes el atrevimiento de quejarte por *ellos*! ¿Te han nombrado su campeón?

PITIAS: No, Su Majestad, hablo tan sólo por mí mismo. No deseo *crear* problemas a nadie. Pero no temo decirle que su pueblo sufre bajo su gobierno. Desean tener voz para hacer las leyes que los gobiernan. Usted no les permite hablar por sí mismos.

REY: En otras palabras, ¡me estás llamando tirano! Pues bien, ¡sabrás en carne propia cómo trata un tirano a un rebelde! ¡Soldados! ¡Arrojen a este hombre a una celda!

SOLDADO: ¡Al momento, Su Majestad! ¡Pitias, no trates de resistirte!

PITIAS: ¡Sé bien que es mejor no resistirse a un soldado de Su Majestad! Y, ¿cuánto tiempo permaneceré en prisión, Su Majestad, tan sólo por hablar por el pueblo?

REY: *(Cruel)* No mucho tiempo, Pitias. Dentro de dos semanas a partir de hoy, al mediodía serás ejecutado en la plaza pública como ejemplo para todos los que se atrevan a cuestionar mis leyes o actos. ¡Soldado! ¡A prisión con él!

MÚSICA: *(Breve cortina musical)*

NARRADOR: Cuando Damón supo que su amigo Pitias había sido arrojado a la prisión y que luego sufriría la pena máxima, se le rompió el corazón. Corrió a la prisión y convenció al guardia para que lo dejara hablar a su amigo.

DAMÓN: ¡Ay, Pitias! ¡Qué terrible es hallarte aquí! ¡Quisiera poder hacer algo para salvarte!

PITIAS: Nada puede salvarme, Damón, mi querido amigo. Estoy preparado para morir. Pero hay un pensamiento que mucho me desvela.

DAMÓN: ¿Qué es? Haré cualquier cosa para ayudarte.

PITIAS: Me preocupa lo que les sucederá a mi madre y a mi hermana cuando yo me haya ido.

DAMÓN: Yo me haré cargo de ellas, Pitias, como si fueran mi propia madre y mi propia hermana.

PITIAS: Gracias, Damón. Tengo dinero para dejarles. Pero hay otras cosas que debo dejar arregladas. ¡Si sólo pudiera verlas antes de morir! Pero ellas viven a dos días de viaje de aquí, como sabes.

99

DAMÓN: Iré ante el Rey y le suplicaré que te libere por unos pocos días. Tú darás tu palabra de regresar al cumplirse el plazo. Todo el mundo en Sicilia sabe que eres un hombre que nunca ha faltado a su palabra.

PITIAS: ¿Crees por ventura que el Rey me dejaría salir de esta prisión, a pesar de lo confiable que ha sido mi palabra durante toda mi vida?

DAMÓN: Le diré que *yo* tomaré tu lugar en la celda de la prisión. Le diré que si no regresas el día señalado, él podrá ejecutarme a *mí* en tu lugar.

PITIAS: ¡No, no, Damón! ¡No debes hacer esa tontería! ¡No puedo, *no debo* dejarte hacer eso! ¡Damón! ¡Damón! ¡No te vayas! *(Hablando consigo mismo)* ¡Damón, amigo mío! ¡Puedes llegar a encontrarte en una celda al lado de la mía!

MÚSICA: *(Breve cortina musical)*

DAMÓN: *(Suplicante)* ¡Su Majestad! ¡Le suplico! Permita que Pitias vaya a su casa unos pocos días para decir adiós a su madre y a su hermana. Él da su palabra de que regresará el día que usted señale. Todos saben que es hombre de palabra.

REY: Tal vez sea así en asuntos de negocios. Pero bien sabe ahora que está bajo sentencia de muerte. Dejarlo libre, aunque fuera por unos días, forzaría su honradez, o la honradez de *cualquier* hombre. Es ir demasiado lejos. ¡Pitias jamás regresaría! Si bien lo considero un traidor, por cierto no es un tonto.

DAMÓN: ¡Su Majestad!, tomaré su lugar en la prisión hasta que regrese. Si él no regresa, entonces usted podrá tomar *mi* vida en vez de la suya.

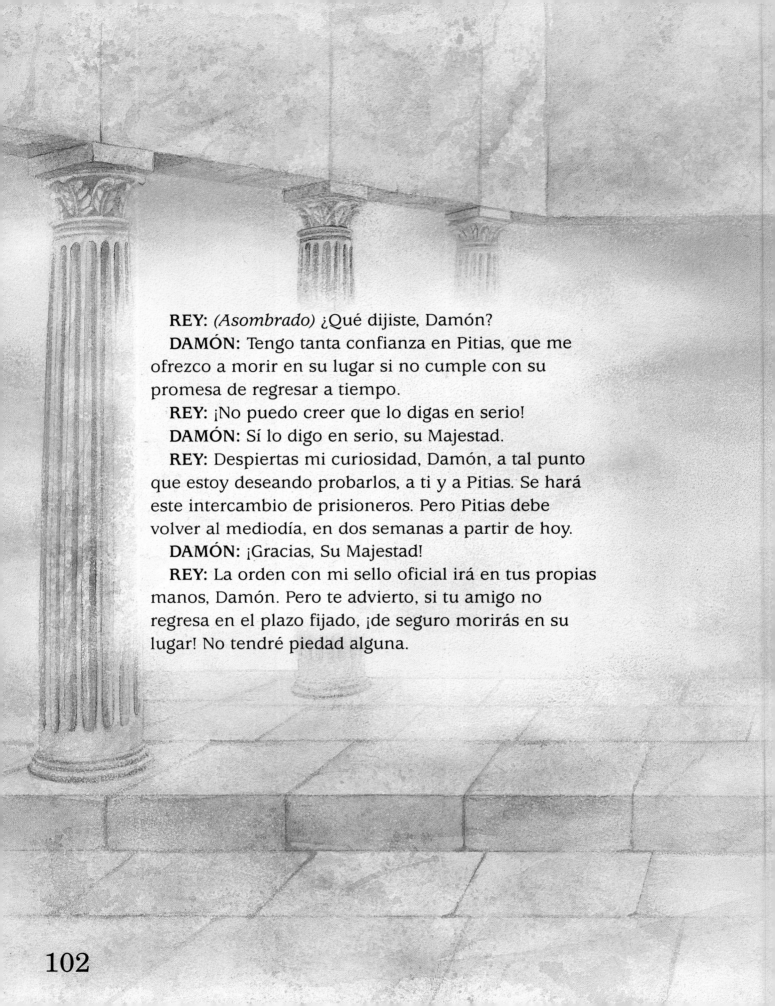

REY: *(Asombrado)* ¿Qué dijiste, Damón?

DAMÓN: Tengo tanta confianza en Pitias, que me ofrezco a morir en su lugar si no cumple con su promesa de regresar a tiempo.

REY: ¡No puedo creer que lo digas en serio!

DAMÓN: Sí lo digo en serio, su Majestad.

REY: Despiertas mi curiosidad, Damón, a tal punto que estoy deseando probarlos, a ti y a Pitias. Se hará este intercambio de prisioneros. Pero Pitias debe volver al mediodía, en dos semanas a partir de hoy.

DAMÓN: ¡Gracias, Su Majestad!

REY: La orden con mi sello oficial irá en tus propias manos, Damón. Pero te advierto, si tu amigo no regresa en el plazo fijado, ¡de seguro morirás en su lugar! No tendré piedad alguna.

MÚSICA: *(Breve cortina musical)*

NARRADOR: A Pitias no le gustó el trato hecho entre el Rey y Damón. No le agradaba la idea de dejar a su amigo en prisión, con la posibilidad de que perdiera su vida si algo salía mal. Pero, finalmente, Damón lo convenció de que se fuera, y es así que Pitias partió hacia su hogar.

Pasó más de una semana. Se acercaba el día señalado para que se cumpliera la sentencia de muerte. Pitias no regresaba. Todos en la ciudad sabían las condiciones bajo las cuales el Rey había permitido que Pitias fuera a su casa. Cualquiera que fuera el lugar donde la gente se encontrara, la conversación invariablemente recaía en los dos amigos.

PRIMERA VOZ: ¿Piensas que Pitias regresará?

SEGUNDA VOZ: ¿Por qué colocaría él su cabeza bajo el hacha del Rey, si ya se escapó?

TERCERA VOZ: Aún así, ¿permitiría un hombre de honor como Pitias que un amigo tan bueno muriera por él?

PRIMERA VOZ: No hay forma de predecir lo que un hombre hará cuando se trata de su vida frente a la de otro.

SEGUNDA VOZ: Pero si Pitias no regresa antes de cumplir el plazo, estará matando a su amigo.

TERCERA VOZ: Bien, aún quedan unos pocos días. Yo por cierto, estoy seguro de que Pitias *regresará* a tiempo.

SEGUNDA VOZ: Y *yo* estoy igualmente convencido de que *no* regresará. La amistad es la amistad, pero la propia vida de un hombre es algo más fuerte, ¡digo *yo*!

NARRADOR: Dos días antes de cumplirse el plazo, el Rey en persona visitó a Damón en su celda en la prisión.

SONIDO: *(Sonido de la llave en la cerradura, puerta de hierro que se abre)*

REY: *(En tono de burla)* Ya ves, Damón, has sido un tonto al hacer este trato. ¡Tu amigo te ha traicionado! ¡No regresará para ser ejecutado! ¡Te ha abandonado!

DAMÓN: *(Tranquilo y firme)* Tengo confianza en mi amigo y sé que regresará.

REY: *(En tono de burla)* ¡Eso lo veremos!

SONIDO: *(Puerta de hierro que se cierra, sonido de la llave en la cerradura)*

NARRADOR: Mientras tanto, cuando Pitias llegó al hogar de su familia, hizo arreglos en sus negocios para que su madre y su hermana pudieran vivir cómodamente por el resto de sus vidas. Después, les dio su último adiós antes de partir de vuelta a la ciudad.

MADRE: *(Llorando)* Pitias, te tomará solamente dos días regresar. ¡Quédate un día más, te lo suplico!

PITIAS: No me atrevo a quedarme más tiempo, madre. Recuerda, Damón está encerrado en mi celda de la prisión mientras estoy aquí. Por favor, ¡no me dificultes aún más la situación! ¡Adiós para siempre! No llores por mí. Mi muerte puede ayudar a traer mejores días a todo nuestro pueblo.

NARRADOR: Y así fue que Pitias comenzó su viaje con tiempo de sobra. Pero, justo el primer día, sufrió un golpe de mala suerte. Al oscurecer, mientras caminaba por un pasaje solitario del bosque, una voz ruda lo llamó:

PRIMER LADRÓN: ¡No tan rápido, joven! ¡Alto!

PITIAS: *(Sorprendido)* ¡Ah! ¿Qué es esto? ¿Qué quieren?

SEGUNDO LADRÓN: Tus bolsas de dinero.

PITIAS: ¿Mis bolsas de dinero? Tengo tan sólo esta pequeña bolsa con monedas. Las voy a necesitar para hacer algunos favores antes de morir.

PRIMER LADRÓN: ¿Qué quieres decir con "antes de morir"? No pensamos matarte, sólo tomar tu dinero.

PITIAS: Les daré mi dinero, pero no me demoren más. Por órdenes del Rey tengo que morir dentro de tres días. Si no regreso a tiempo a la prisión, mi amigo morirá en mi lugar.

PRIMER LADRÓN: ¡Nadie te creería ese cuento! ¿Qué hombre sería tan tonto como para regresar a la prisión dispuesto a morir?

SEGUNDO LADRÓN: ¿Y quién sería tan tonto como para morir *en tu* lugar?

PRIMER LADRÓN: Con seguridad tomaremos tu dinero. Y te ataremos para huir sin problemas.

PITIAS: *(Suplicante)* ¡No! ¡No! ¡Debo regresar para liberar a mi amigo! *(Con voz apagada)* ¡Debo regresar!

NARRADOR: Pero los dos ladrones tomaron el dinero de Pitias, lo ataron a un árbol y escaparon tan velozmente como pudieron. Pitias luchó para liberarse. Gritó por largo tiempo lo más fuerte que pudo pidiendo auxilio. Pero nadie pasaba por ese solitario bosque durante la noche. El Sol había salido hacía ya muchas horas cuando, finalmente, pudo liberarse de las sogas que lo amarraban al árbol. Se cayó al suelo, pudiendo apenas respirar.

MÚSICA: *(Breve cortina musical)*

NARRADOR: Después de un rato, Pitias se levantó. Débil y mareado por el hambre, la sed y su lucha por liberarse, partió nuevamente. Día y noche viajó sin detenerse, tratando desesperadamente de alcanzar la ciudad a tiempo para salvar la vida de Damón.

MÚSICA: *(Cortina musical)*

NARRADOR: Al último día, media hora antes del mediodía, ataron las manos de Damón a su espalda y lo llevaron a la plaza pública.

La gente murmuraba enojadamente, mientras el carcelero lo conducía. El Rey entró luego y se sentó en una alta plataforma.

SONIDO: *(Voces de la multitud que luego se mantienen por debajo de las voces individuales)*

SOLDADO: *(En voz alta)* ¡Dios salve al Rey y le conceda una larga vida!

PRIMERA VOZ: *(En tono bajo)* Mientras más viva él, más miserables serán nuestras vidas.

REY: *(En voz alta, en tono de burla)* Y bien Damón, tu vida está a punto de terminar. ¿Dónde está ahora tu buen amigo Pitias?

DAMÓN: *(Firme)* Confío en mi amigo, si no ha regresado aún, estoy seguro de que no es por su culpa.

REY: *(En tono de burla)* El Sol está casi sobre nuestras cabezas. La sombra está casi sobre la marca del mediodía. ¡Y tu amigo no ha vuelto aún para salvarte la vida!

DAMÓN: *(Tranquilo)* Estoy listo y feliz de morir en su lugar.

REY: *(Ásperamente)* ¡Y así será, Damón! Carcelero, lleve al prisionero al...

SONIDO: *(Sonido de la multitud que crece hasta un rugido, luego disminuye)*

PRIMERA VOZ: *(Por encima del ruido)* ¡Miren, es Pitias!

SEGUNDA VOZ: *(Por encima del ruido)* ¡Pitias ha regresado!

PITIAS: *(Sin aliento)* ¡Déjenme pasar! ¡Damón!

DAMÓN: ¡Pitias!

PITIAS: ¡Gracias a los dioses que no estoy demasiado tarde!

DAMÓN: *(Tranquilo, sincero)* ¡Hubiera muerto contento por ti, mi amigo!

VOCES DE LA MULTITUD: *(En voz alta, exigiendo)* ¡Libérenlos! ¡Libérenlos a ambos!

REY: *(En voz alta)* ¡Gente de mi ciudad! *(Se acallan las voces de la multitud)* Jamás en toda mi vida he visto tal fe y tal amistad, tal lealtad entre dos seres humanos. Hay muchos de ustedes que me llaman duro y cruel. Pero yo no puedo matar a *ninguna* persona que demuestre tan fuerte y verdadera amistad por otra persona. Damón y Pitias, quedan ambos en libertad. *(Rugido de aprobación de la multitud)* Yo soy Rey, comando un gran ejército. Tengo depósitos de oro y joyas preciosas, pero gustoso daría todo mi dinero y todo mi poder por tener un amigo como Damón o como Pitias.

SONIDO: *(Breve rugido de aprobación de la multitud)*

MÚSICA: *(Cortina musical)*

LA
LEYENDA DE
DAMÓN Y PITIAS

Conoce a la autora

Fan Kissen escribe obras de teatro para niños de ocho
a diez años de edad. A menudo estas obras de teatro se
basan en cuentos populares y leyendas, como el mito griego
de Damón y Pitias. Ella escribe sus obras en el mismo estilo
en el que se escriben los programas para radio, incluyendo
para ello anunciadores, efectos de sonido y música de
fondo. Ella ha recibido muchos premios por su exitosa
serie de radio. Fan Kissen ha viajado por América del Sur,
Europa y el cercano Oriente. Habla francés, alemán y un
poco de italiano.

Conoce al ilustrador

Fabricio Vanden Broeck nació en la
Ciudad de México. Estudió arte en México y
Europa. Sus ilustraciones han aparecido en
libros infantiles, exposiciones y periódicos.
Las exhibiciones de su obra han recorrido el
mundo. En Estados Unidos, sus ilustraciones se
han publicado en el famoso periódico *The New
York Times*.

Relación con el tema

En la selección

Anota tus respuestas en la sección de Respuestas de tu Libreta del escritor. Luego, compártelas en un grupo pequeño. Comenten sus ideas y elijan a un compañero para que presente las respuestas ante la clase.

- ¿Qué hizo Damón para demostrar que era verdadero amigo de Pitias?
- ¿Por qué les salvó la vida su amistad a Damón y Pitias?

A través de las selecciones

- ¿En qué se diferencia esta selección de las otras que has leído?
- ¿En qué se parecen Damón y Pitias a otros amigos sobre los que has leído? ¿En qué se diferencian?

Más allá de la selección

- Piensa en lo que "La leyenda de Damón y Pitias" te enseña sobre la amistad.
- Añade al Tablero de conceptos y preguntas tus observaciones sobre la amistad.

Aunque vivas en una ciudad, te rodean cosas silvestres. ¿Qué son? ¿Dónde están? ¿Cómo viven? Tal vez, si te fijas bien, las encuentres.

113

El niño que no creía en la primavera

Lucille Clifton
ilustrado por Brinton Turkle

Había una vez un niño llamado King Shabazz que no creía en la primavera.

—¡No hay tal cosa! —murmuraba cada vez que su maestra hablaba de la primavera en la escuela.

—¿Dónde está? —gritaba cada vez que su mamá hablaba de la primavera en casa.

Cuando los días empezaron a volverse más tibios y más largos, King se sentaba frente a su casa, en el primer escalón, a conversar sobre la primavera con su amigo Toni Polito.

—Todo el mundo habla de la primavera —le decía a Toni.

—¡Valiente cosa! —respondía Toni.

—¡No hay tal cosa! —le decía King a Toni.

—¡Claro que no! —respondía Toni.

Un día después que la maestra había hablado de pájaros azules y su mamá había empezado a hablar de plantas que crecen, King Shabazz decidió que se había cansado de oir tales cosas. Se puso su chaqueta y sus anteojos oscuros y fue a buscar a Toni Polito.

—Mira, chico —le dijo King cuando se sentaron en el primer escalón— me voy a buscar un poco de esa primavera.

115

—¿Qué quieres decir, chico? —le preguntó Toni.

—Todo el mundo está hablando de que viene la primavera, de que ya llega. Yo me voy a ir por ahí y voy a ver qué es lo que descubro.

Toni Polito miró a King Shabazz levantarse y subirse los anteojos oscuros.

—¿Vienes conmigo, chico? —le dijo mientras se los ajustaba.

Toni Polito lo pensó un momento. Luego se levantó y le dio vuelta a su gorra.

—¡Claro! —respondió Toni Polito.

King Shabazz y Toni Polito habían ido solos antes al doblar de la esquina, pero nada más que hasta el semáforo. Pasaron la escuela y el campo de juegos.

—Aquí no hay ninguna primavera —dijo King Shabazz riéndose.

—Ni un poquito —asintió Toni Polito.

Pasaron junto a una pastelería llamada Weissman. Se pararon un momento junto a la puerta del costado de la pastelería y olieron los pasteles.

—¡Qué rico huele! —murmuró Toni.

—Pero no es la primavera —respondió al instante King.

Pasaron frente a los apartamentos y caminaron rápidamente
por si acaso se encontraban con Junior Williams. Junior había
dicho en la escuela que iba a pegarles a los dos.

Por fin llegaron al semáforo. Toni se paró e hizo como si
tuviera que amarrarse un zapato, para ver qué iba a hacer King.
King se paró y sopló sus anteojos de sol para limpiarlos y ver
qué iba a hacer Toni. Se quedaron allí parados hasta que el
semáforo cambió dos veces. Entonces King sonrió a Toni y Toni
sonrió a King. Y los dos cruzaron la calle corriendo.

—Bueno, si la encontramos tendrá que ser ahora —dijo King
Shabazz.

Toni no dijo nada. Se quedó parado, mirándolo todo.

—Bueno, vamos, chico —murmuró King y siguieron
caminando.

Pasaron la Iglesia de la Roca Sólida de altas ventanas muy decoradas y muy bonitas.

Pasaron un restaurante con pequeñas mesitas redondas junto a la ventana. Y llegaron a un lugar donde vendían comida al paso y se quedaron parados un momento junto a la puerta para oler la salsa.

—¡Cómo me gustaría un poco de eso! —murmuró King.

—¡Y a mí! —murmuró Toni con los ojos cerrados. Y siguieron caminando más despacio.

Justo al pasar unos edificios de apartamentos se encontraron con un solar vacío. Era un lote pequeño y por tres lados estaba cercado por las altas paredes de los edificios de apartamentos. Tres paredes alrededor y justo en el medio: ¡un carro!

El carro era una maravilla. No tenía ruedas ni puertas, pero era rojo oscuro y estaba encima de una enorme pila de tierra en el medio del lote.

—Ay, chico, ay, chico —murmuró King.

—Ay, chico —murmuró Toni.

Justamente entonces oyeron el ruido.

Era un ruidito prolongado, como de cosas suaves frotando contra algo áspero, y venía del carro. Se oyó otra vez. King miró a Toni y le agarró la mano.

—Vamos a ver lo que es, chico —murmuró King.
Pensaba que Toni iba a decir que no, que vámonos
a casa. Pero Toni miró a King y le apretó fuertemente
la mano.

—¡Claro! —le dijo lentamente.

Los dos chicos se quedaron allí parados un minuto y
luego empezaron a caminar de puntillas hacia el carro.
Atravesaron muy lentamente el lote. Cuando estaban
a la mitad del camino del carro, Toni tropezó y casi se
cayó. Miró hacia abajo y vio un grupito de flores
amarillas que asomaban sus cabecitas puntiagudas entre
unas hojitas verdes.

—¡Chico, creo que pisaste esta cosecha! —se rió King.

—¡Están saliendo! —gritó Toni. —¡Mira, las plantas
están brotando!

Y, justo entonces, mientras Toni gritaba, oyeron otro
ruido, como de montón de cosas que aletearan en el aire,
y cuando miraron al carro vieron que tres pájaros salían
volando por uno de los huecos de las puertas hacia la
paredes de uno de los apartamentos.

King y Toni corrieron al carro para ver dónde habían
estado los pájaros. Tuvieron que trepar un poco para
llegar a la puerta y asomarse.

Se quedaron allí parados por un rato sin decir nada.
Allí, en el asiento delantero, en medio de algo que parecía
algodón, había un nido. Y en el nido había cuatro huevos
azul claro. Celestes. King se quitó los anteojos oscuros.

—Chico, es la primavera —dijo casi como si hablara
consigo mismo.

—¡Antonio Polito!

King y Toni saltaron de la loma. Alguien estaba llamando a Toni a gritos.

—¡Antonio Polito!

Los chicos dieron media vuelta y empezaron a salir del solar vacío. Marco, el hermano de Toni, estaba parado a la orilla del lote y se le veía bien enojado.

—Mamá te va a pegar después que yo termine contigo, ¡bandolero! —le gritó.

King Shabazz miró a Toni Polito y le apretó la mano.

—Ya llegó la primavera —le dijo a Toni muy bajito.

—¡Claro! —le murmuró Toni Polito.

El niño que no creía en la primavera

Conoce a la autora

Lucille Clifton es una famosa poeta y escritora de libros infantiles. Cuando tenía sólo dieciséis años se convirtió en la primera persona de su familia en ganar una beca y asistir a la universidad. Cuando estaba en la universidad supo que su mayor deseo era ser escritora. Sin embargo, necesitó muchos años para realizar su sueño. Primero, Lucille terminó la universidad, se casó y tuvo seis hijos. Cuando publicó su primer libro de poemas, el periódico *New York Times* lo nombró como uno de los diez mejores libros del año. Desde entonces, Lucille ha recibido muchos premios y es una de las poetas y autoras de libros infantiles más famosas.

Conoce al ilustrador

Brinton Turkle es un ilustrador famoso de libros para niños, y también es escritor. Primero estudió teatro durante un tiempo en la universidad. Luego, decidió dedicarse más al dibujo y asistió a la escuela de bellas artes. Ha escrito muchos libros famosos para niños con la esperanza de que enseñen a los niños la bondad, la honestidad y el amor por la vida.

124

Relación con el tema

En la selección

Libreta del escritor

Anota tus respuestas en la sección de Respuestas de tu Libreta del escritor. Luego, compártelas en un grupo pequeño. Comenten sus ideas y elijan a un compañero para que presente las respuestas ante la clase.

- ¿Por qué crees que King Shabazz no creía en la primavera?
- ¿Qué clases de hogares hacían los animales silvestres de este cuento?

Más allá de la selección

- ¿Cuáles son algunas señas de la llegada de la primavera en donde tú vives?
- Piensa en lo que "El niño que no creía en la primavera" te enseña sobre la vida silvestre en la ciudad.
- Añade al Tablero de conceptos y preguntas tus observaciones sobre la vida silvestre en la ciudad.

Preguntas de enfoque ¿Qué pueden aprender los científicos acerca de una ciudad cuando estudian su vida silvestre? ¿Cómo pueden las comunidades urbanas ayudar a proteger la vida silvestre?

Criaturas de la ciudad:

también en las ciudades hay animales silvestres

Richard Chevat

La ciudad. Edificios altos. Gente de compras con los brazos llenos de paquetes. Gente que pasa corriendo. Autobuses, taxis, autos... y animales silvestres.

¿Animales silvestres? ¡Claro que sí! Las ciudades y los pueblos están llenos de vida silvestre.

"Cuando la gente piensa en la vida silvestre, piensa en osos pardos, alces o ciervos. Pero *todos* los animales silvestres que viven en una ciudad son vida silvestre, incluso las mariposas, hormigas, palomas y hasta las ratas", afirma Mike Matthews.

Estos patos de ciudad pueden hacer que el tráfico se atasque.

126

Él es un científico que trabaja para el estado de Nueva York, tratando de proteger la vida silvestre tanto en los bosques como en las ciudades.

¿Por qué merece una rata ser considerada como "vida silvestre"? Charles Nilon, biólogo del Departamento de Vida Silvestre y Parques del estado de Kansas, nos explica: "Cualquier animal que veas que no sea una mascota y que no dependa de la gente para su cuidado, es un animal silvestre".

Gansos de rascacielos, mapaches de parque

En el décimo piso de un edificio de oficinas de St. Louis, Missouri, hay un nido de gansos canadienses. Hace ya seis años que llegan allí a pasar el verano.

Dave Tylka es un biólogo urbano: un científico que estudia la vida silvestre en las ciudades. Nos habló de los gansos de los rascacielos. "Se trata de una clase de gansos canadienses que anidan en los riscos sobre el río Mississippi", dijo. ¡Estos gansos en particular debieron pensar que un balcón parecía un buen risco para anidar!

Si te parece extraño que haya gansos en un edificio de oficinas, ¿qué dices de unos mapaches en el centro de la ciudad de Nueva York? Mike Matthews dice que viven en alcantarillas, en edificios, y especialmente en el Parque Central de Nueva York. La gente piensa que los animales desean estar cerca de árboles o en espacios abiertos. Pero los mapaches pueden vivir en chimeneas y alcantarillas.

Los mapaches viven en alcantarillas y parques. Encuentran comida en los botes de basura.

A vista de pájaro

Según Mike Matthews, los parques de la ciudad son buenos lugares para ir a observar pájaros, especialmente a principios de la primavera y del otoño. "Son como islas de espacio verde, donde se detienen las aves migratorias", dice.

Cuando Mike Matthews habla acerca de pájaros, no sólo se refiere a los "pájaros de ciudad" como los gorriones, estorninos y palomas. "Hay mucho, mucho más", dice. "En las afueras de la ciudad hay garzas azules, búhos y toda clase de aves acuáticas. Hasta las águilas calvas nos visitan de vez en cuando".

"Podrías pensar que estas criaturas tratarían de evitar las ciudades, pero no es así", dice Mike. "Los animales viven en cualquier lugar donde puedan hallar comida, refugio y un lugar para cuidar a sus crías".

Ayudantes de los científicos

Los científicos pueden aprender mucho acerca de una ciudad estudiando los animales silvestres que viven en ella. "Si te preocupa la contaminación o la basura, el observar la vida silvestre es una forma de aprender acerca del tema", dice Charles Nilon, el biólogo de Kansas.

Por ejemplo, en Florida, los científicos estudiaron las ardillas que vivían cerca de las carreteras. Querían saber cómo había afectado a las ardillas el respirar los gases de los autos. Como las ardillas respiran los gases todo el día, cualquier problema respiratorio aparecería en las ardillas antes que en los humanos.

Un farol de la calle es una buena percha para esta águila.

Las ardillas comunes y las ardillas listadas son una parte común de la vida silvestre en las ciudades. Esta ardilla listada se está robando un poco de alpiste en la saliente de una ventana.

A veces, ciertos animales poco comunes pueden sobrevivir bien en las ciudades, como por ejemplo el halcón peregrino. Esta ave casi había desaparecido del este de los Estados Unidos. Hace 15 años, los científicos comenzaron a tratar de salvar al halcón peregrino criando en el laboratorio halcones recién nacidos y soltándolos después en su medio natural.

Hoy en día, esta ave se está reproduciendo de nuevo y varios halcones anidan de nuevo en medio de las grandes ciudades. Allí encontraron precisamente la clase de refugio y alimento que necesitaban. Descansan en los "riscos" de los rascacielos y cazan aves de ciudad: palomas y estorninos.

Hogar, dulce hogar de ciudad

No todos los animales encuentran hogares en la ciudad tan fácilmente como los halcones. Es por eso que los científicos crean y protegen santuarios especiales para ellos: el santuario es un lugar con las cantidades adecuadas de agua y alimento y con el tipo de árboles y plantas que un animal necesita para sobrevivir.

En el Área Nacional de Recreación Gateway de la ciudad de Nueva York, los científicos han reservado un pequeño santuario de "pastizal", un terreno plano y abierto. Don Reipe, un científico de Gateway, explicó por qué: "Los pastizales están desapareciendo porque se usan para casas, centros comerciales y otras construcciones. Pero son un santuario importante para animales como el aguanieves, el sabanero y la lechuza de orejas cortas. Nuestras áreas de pastizales son el hogar de todas estas aves".

Los científicos de Des Moines, Iowa, crearon una clase diferente de santuario: un jardín donde crecen cosas sabrosas para las mariposas. Está en los terrenos de la feria estatal. "Creamos un jardín para atraer a 40 especies diferentes de mariposas", dice Laura Jackson, bióloga de Iowa. La idea es mostrarle a la gente cómo puede atraer mariposas a sus jardines plantando las flores y plantas adecuadas.

Los ciervos se están acercando a las ciudades. Algunos han sido vistos en parques urbanos.

Hazlo tú mismo

La mayoría de la gente no ve a los animales silvestres que la rodean, ya que no sabe qué buscar. Stephen Petland, un biólogo de Seattle, Washington, dice que la observación cuidadosa, y el consultar algunas guías de aves y animales, puede servir de ayuda.

"En un vecindario de Seattle, durante un año pude encontrar 40 ó 50 diferentes tipos de aves", comenta Stephen Petland.

No tienes que ser científico para estudiar la vida silvestre en las ciudades o pueblos. Sólo mantén un ojo de águila cuando juegues en tu jardín, en el campo de juegos o en el parque de tu vecindario. Y cuando camines por la calle, no te olvides: ¡fíjate en los animales silvestres!

Criaturas de la ciudad:

también en las ciudades hay animales silvestres

Conoce al autor

Cuando **Richard Chevat** era niño, le encantaba leer e inventar historias en la ciudad de Nueva York. Hoy vive en Nueva Jersey con su esposa, dos hijos y un pájaro mascota llamado Madonna. Escribe en su casa cuando sus hijos están en la escuela y su esposa se va a trabajar. *"Toco la guitarra, me gusta cocinar y paso mucho tiempo con mis hijos"*, dice el señor Chevat.

Relación con el tema

En la selección

Anota tus respuestas en la sección de Respuestas de tu Libreta del escritor. Luego, compártelas en un grupo pequeño. Comenten sus ideas y elijan a un compañero para que presente las respuestas ante la clase.

- ¿En qué lugares de la ciudad viven los animales silvestres?
- ¿Cómo sobreviven en la ciudad los animales silvestres?

A través de las selecciones

- Después de leer "Criaturas de la ciudad", ¿puedes pensar en otros lugares donde King Shabazz en "El niño que no creía en la primavera" podría haber buscado la primavera?

Más allá de la selección

- ¿Has visto animales cerca de tu casa o en alguna ciudad que has visitado?
- Piensa en lo que "Criaturas de la ciudad" te enseña sobre la vida silvestre en la ciudad.
- Añade al Tablero de conceptos y preguntas tus observaciones sobre la vida silvestre en la ciudad.

La abeja

por Roberto López Moreno
ilustrado por Rafael López

Zzuuuuuumba que zzuuuuuumba la abeja
y con su zumbido aquel
va dibujando las alas
de la miel.
Pica que pica la abeja
y con el piquete aquel
clava el aguijón de azúcar
en la miel.

134

Abran paso a los patitos

Robert McCloskey
traducido por Osvaldo Blanco

El señor Pato y su señora buscaban un lugar para vivir. Pero cada vez que el señor Pato veía un lugar que parecía ser bueno, la señora Pata decía que no. Seguramente habría zorros en los bosques o tortugas en las aguas, y ella no iba a criar a su familia donde pudiera haber zorros o tortugas. Así que siguieron volando y volando.

Cuando llegaron a Boston, estaban demasiado cansados para ir más lejos. En el Jardín Público había una linda laguna que tenía una pequeña isla.

—Es un lugar perfecto para pasar la noche —graznó el señor Pato.

Y bajaron batiendo las alas.

A la mañana siguiente trataron de pescar su
desayuno en el lodo al fondo de la laguna. Pero no
encontraron mucho.

Justo cuando estaban por echarse a volar, pasó junto
a ellos un ave enorme. Esta ave, que tenía un hombre
sentado encima, iba empujando un bote lleno de gente.

—Buenos días —graznó el señor Pato cortésmente.

Aquella ave era tan orgullosa como grande, y no
contestó. Pero la gente del bote lanzó cacahuetes al
agua, y entonces la pareja de patos los siguió por toda
la laguna y tomó otro desayuno, mejor que el primero.

—Me gusta este lugar —dijo la señora Pata cuando
subieron a la orilla y se pusieron a caminar—. ¿Por qué
no hacemos un nido y criamos a nuestra familia aquí,
en esta laguna? No hay zorros ni tortugas, y la gente
nos tira cacahuetes. ¿Qué más podemos desear?

—Está bien —dijo el señor Pato, contento de que al fin la señora Pata había encontrado un sitio que le gustaba. Pero...

—¡Cuidado! —chilló la señora Pata, alarmadísima— ¡Te van a atropellar! —Y agregó, después que recuperó el aliento—: *Este* no es lugar para bebés, con todas esas cosas horribles que corren de acá para allá. Tendremos que buscar otro sitio.

Entonces volaron sobre Beacon Hill y en torno al edificio del estado, pero no había allí lugar para ellos.

Miraron en la plaza Louisburg, pero no había allí agua para nadar.

Luego volaron sobre el río Charles.

—Esto es mejor —graznó el señor Pato—. Esa isla parece un lugar bueno y tranquilo, y está cerca del Jardín Público.

—Sí —dijo la señora Pata, recordando los cacahuetes—.
Parece ser un buen lugar para empollar mis patitos.

De modo que escogieron un lugar conveniente, entre unos
arbustos y cerca del agua, y se pusieron a construir el nido.
Y ya era tiempo, porque estaban comenzando a mudar las
plumas. Las viejas plumas de las alas ya habían empezado
a caerse, y hasta que les crecieran las nuevas no podrían volver
a volar.

Pero, por supuesto, podían nadar. Un día nadaron hasta el
parque a la orilla del río y allí conocieron a un policía llamado
Miguel. Miguel les dio de comer cacahuetes y, desde entonces,
la pareja de patos visitó a Miguel todos los días.

Después de que la señora Pata puso ocho huevos en el nido,
no podía seguir visitando a Miguel, pues tenía que estar
sentada sobre los huevos para mantenerlos calientes. Sólo
dejaba el nido para tomar agua, o para almorzar, o para
contar los huevos y asegurarse de que estaban todos.

Un día los patitos salieron del cascarón. Primero
salió Jack, luego Kack, después Lack, y
siguieron Mack, y Nack, y Pack, y Quack y

139

Uack. El señor Pato y la señora Pata estaban que reventaban de orgullo. Tenían ahora una gran responsabilidad y el cuidar a tantos patitos los tuvo muy ocupados.

Una mañana, el señor Pato decidió hacer un viaje río abajo para ver cómo era el resto del río. Y se puso en camino.

—Los espero dentro de una semana en el Jardín Público —graznó, volviendo la cabeza—. Cuida bien a los patitos.

—No te preocupes —dijo la señora Pata—. Yo sé todo lo que hay que saber para educar a la cría.

Y así lo demostró.

La señora Pata les enseñó a nadar y a zambullirse.

Les enseñó a caminar en fila india, a venir cuando se les

llamase y a mantener una distancia prudencial de las bicicletas, patines y otras cosas con ruedas.

Cuando por fin estuvo completamente satisfecha con sus progresos, les dijo una mañana:

—Vengan conmigo, niños. Síganme.

Y en un abrir y cerrar de ojos, Jack, Kack, Lack, Mack, Nack, Pack, Quack y Uack se pusieron en fila tal como se les había enseñado. Siguiendo a su mamá, entraron en el agua y nadaron detrás de ella hasta la orilla opuesta.

La mamá y sus patitos fueron vadeando a tierra firme y echaron a andar hasta que llegaron a la carretera.

La señora Pata avanzó para cruzar. "¡Tu-tuu! ¡Tu-tuu!", le gritaron las bocinas de los automóviles que pasaban a gran velocidad.

—¡Cuaaac! —chilló la señora Pata, retrocediendo de un salto.

—¡Cuac! ¡Cuac!
¡Cuac! ¡Cuac!
—chillaron Jack, Kack,
Lack, Mack, Nack,
Pack, Quack y Uack,
con toda la fuerza que
pudieron sacar de sus
pequeños pulmones.

Los autos continuaron pasando velozmente y sonando sus
bocinas, y la señora Pata y sus patitos continuaron chillando a
todo lo que daban.

Hicieron tanto alboroto que Miguel vino corriendo, agitando
los brazos y sonando su silbato.

Miguel se plantó en medio del camino y levantó una mano
para detener el tráfico. Luego hizo señas con la otra mano,
como suelen hacer los policías, indicando a la señora Pata que
podían cruzar.

Tan pronto como la señora Pata y sus patitos estuvieron a
salvo del otro lado y en camino hacia la calle Mount Vernon,
Miguel regresó corriendo a su puesto en la garita.

Entonces llamó a Clancy, en la jefatura, y le dijo:

—¡Hay una familia de patos caminando por la calle!

—¿Una familia de *qué*? —preguntó Clancy.

—¡*Patos!* —gritó Miguel— ¡Envíen un coche
patrullero, rápido!

Entretanto, la señora
Pata había llegado a la

Librería de la Esquina y doblado hacia la calle Charles, junto con Jack, Kack, Lack, Mack, Nack, Pack, Quack y Uack, que marchaban en fila detrás de ella.

Todo el mundo los miraba. Una viejecita de Beacon Hill exclamó:

—¡Qué maravilla!

Y el barrendero dijo:

—¡Vaya, vaya, qué cosa más bonita!

Y al oírlos, la señora Pata se sintió tan orgullosa que empezó a andar con el pico levantado y el paso más airoso.

Al llegar a la esquina de la calle Beacon, allí estaba el coche patrullero con cuatro agentes de policía de la jefatura que Clancy había enviado. Los policías detuvieron el tráfico para que la señora Pata y sus patitos pudieran cruzar la calle, y entrar derechito al Jardín Público.

Tan pronto como la familia estuvo del otro lado de la entrada, todos se dieron vuelta para darles las gracias a los policías. Éstos sonrieron y les dijeron adiós con la mano.

Cuando llegaron a la laguna y nadaron hacia la pequeña isla, allí estaba esperándolos el señor Pato, tal como les había prometido.

A los patitos les gustó tanto la nueva isla que la familia decidió quedarse a vivir allí. Desde entonces, se pasan todo el día detrás de los botes con la figura de cisne y comiendo cacahuetes.

Y cuando cae la noche, nadan todos hasta su pequeña isla y se van a dormir.

Abran paso a los patitos

Conoce al autor e ilustrador

Robert McCloskey aprendió a tocar el piano y la armónica cuando era niño. También aprendió acerca de motores pequeños e invenciones. Incluso, durante una época, quiso ser inventor. Luego comenzó a dibujar y logró hacerlo muy bien. Después de terminar la escuela secundaria, Robert McCloskey estudió arte en Boston, Nueva York y en Roma, Italia. Para prepararse para escribir "Abran paso a los patitos", Robert McCloskey compró cuatro patos reales para observarlos y dibujarlos. Tardó dos años en planear lo que quería escribir y otros dos en escribirlo y dibujarlo. Su trabajo arduo y su paciencia dieron resultados. Ganó la Medalla Caldecott: un premio importante para libros infantiles. El cuento se considera ahora un clásico. Robert McCloskey ganó una segunda Medalla Caldecott, un honor que pocos reciben.

Relación con el tema

En la selección

Libreta del escritor

Anota tus respuestas en la sección de Respuestas de tu Libreta del escritor. Luego, compártelas en un grupo pequeño. Comenten sus ideas y elijan a un compañero para que presente las respuestas ante la clase.

- ¿Qué hicieron el señor Pato y la señora Pata para encontrar un buen hogar en la ciudad?
- ¿Por qué decidió la señora Pata buscar otro lugar para vivir después de que un niño en bicicleta por poco atropella a ella y al señor Pato?
- ¿Cómo ayuda la gente de este cuento a proteger al señor Pato y a la señora Pata y a su familia?

A través de las selecciones

- ¿En qué se parece este cuento a la selección informativa que leíste?

Más allá de la selección

- Piensa en lo que "Abran paso a los patitos" te enseña sobre la vida silvestre en la ciudad.
- Añade al Tablero de conceptos y preguntas tus observaciones sobre la vida silvestre en la ciudad

Almuerzo en los jardines. 1985. **Beryl Cook.** Óleo en
plancha de fibra de madera. De El Nueva York de Beryl Cook,
John Murray, editor.

La calle. 1987. **Fernando Botero** Óleo sobre tela.
Colección privada.

Preguntas de enfoque Muchas especies diferentes de aves sobreviven en las grandes ciudades. ¿Cómo crees que esto sea posible? ¿Quién crees que se adapta más fácilmente a su medio ambiente, la gente o los animales silvestres? ¿Por qué?

Perchas urbanas:
dónde anidan las aves en la ciudad

del libro por
Barbara Bash

Temprano en la mañana, puedes oír algo que se mueve animadamente en la saliente de un viejo edificio de piedra. Aún antes de que la ciudad despierte, las aves se agitan en sus perchas urbanas.

Por todo el país, y a medida que sus santuarios naturales han sido destruidos, las aves se han mudado a las ciudades. Las que se han podido adaptar, medran por el centro de la ciudad.

Un habitante urbano bien conocido es la paloma. Hace tiempo se la llamaba paloma zurana y vivía en los riscos a lo largo de las costas europeas. Hoy existe por todo los Estados Unidos en los rincones y grietas de nuestras ciudades.

148

Para la paloma, la ciudad puede parecer
un lugar silvestre lleno de altos riscos y
profundos cañones. Los riscos son edificios
hechos de piedra, ladrillo y cristal, y los
cañones son las avenidas llenas de autos
y de gente, por donde sopla el viento.
Volando en bandadas, las palomas
exploran los cañones de la ciudad en busca
de alimento y de lugares para descansar.

Una percha es un lugar adonde las aves
van en busca de protección cuando
duermen y para refugiarse contra la lluvia
y el frío. Las palomas hacen su percha bajo
los puentes de las carreteras, en la saliente
de una ventana, bajo los arcos de un
edificio, en los techos y bajo los aleros.
A veces sus perchas están tan bien
escondidas, que hay que observar
cuidadosamente para encontrarlas.

Busca en los caballetes de debajo del puente del tren. Puede que las palomas estén usando de percha las oscuras vigas. Observa las ventanas abiertas de un edificio abandonado. Tal vez vivan adentro cientos de palomas que entran y salen todo el día.

Un nido es el lugar donde las aves ponen sus huevos y crían a sus polluelos. A veces el mismo lugar les sirve de percha. Las palomas construyen una frágil plataforma de palos, varitas y desechos en una saliente o en un soporte de una ventana, en un macetero que se encuentre en una escalera de incendios o en la parte curva de una letra en el nombre de una tienda.

Durante todo el año, las palomas ponen huevos y empollan a sus crías. La hembra se queda quieta en su nidada, y después de dieciocho días comienzan a nacer los polluelos recubiertos de pelusa. Cinco semanas después, cuando sus plumas adultas están completamente desarrolladas, las jóvenes palomas emprenden el vuelo para buscar sus propios hogares.

150

Los gorriones y los pinzones también son exitosos habitantes urbanos. Traídos de Inglaterra en 1870 para controlar insectos, los gorriones caseros decidieron vivir cerca de la gente en todo los Estados Unidos. Originalmente, los pinzones caseros vivían sólo en la costa oeste, pero algunos pájaros enjaulados fueron liberados en la costa este en 1940 y la especie se extendió con rapidez. Los gorriones y los pinzones no migran, así que los puedes ver en los alimentadores de los jardines durante todo el año, piando y parloteando mientras comen sus semillas.

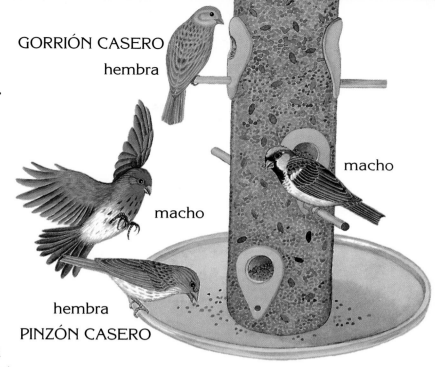

GORRIÓN CASERO
hembra

macho

macho

hembra
PINZÓN CASERO

Los pequeños agujeros en el interior y en el exterior de los adornos de los edificios y de las esculturas góticas, son los lugares favoritos de gorriones y pinzones para anidar. Estos habitantes de cavidades se pueden escurrir en los espacios más pequeños. Algunos de sus nidos son visibles y otros están completamente ocultos.

Puede que en la primavera veas un pajarito que vuela sobre tu cabeza con una ramita en el pico. Si sigues su vuelo, te llevará a su nido.

Observa cómo se posa el pájaro y luego desaparece en una grieta o detrás de una piedra curvada. Poco después volverá a salir sin nada en el pico y se alejará volando a buscar más material.

Los gorriones y los pinzones pueden encontrar lugares para hacer su nido incluso en medio de las intersecciones más congestionadas. En la parte de arriba de algunos postes de alumbrado hay una pequeña abertura en donde la lámpara se une al poste. Si te fijas con cuidado, tal vez veas a un pinzón meterse por allí.

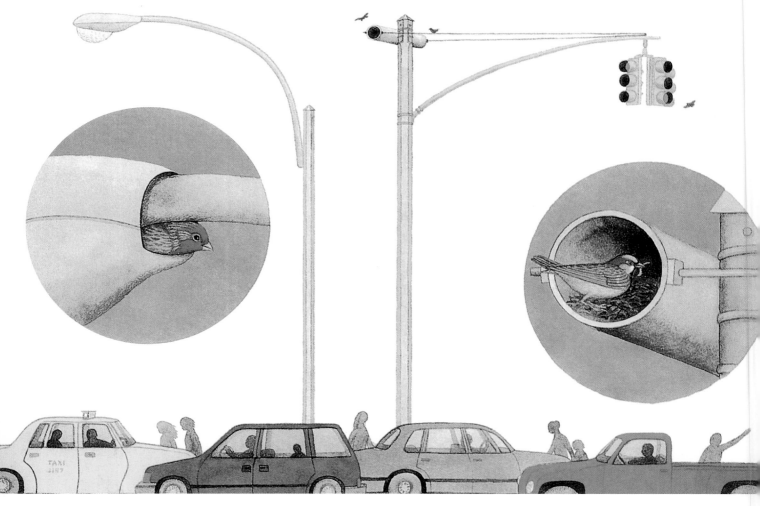

O fíjate en el pequeño tubo abierto en la parte de arriba de algunos semáforos. Tal vez un par de gorriones entren y salgan, llevando comida a sus crías. Algunas veces puedes ver un nido en el aro de metal que rodea un foco del semáforo. Tal vez el calor del foco mantenga los huevos calientes.

Un techo de tejas puede albergar a tantos gorriones y pinzones, que es un poco parecido a un edificio de apartamentos. Durante todo el día las aves llevan material para los nidos y comida para sus polluelos a las cavidades ocultas detrás de las tejas. Cuando los polluelos están muy grandes para el nido, juegan encima de las tejas, probando sus alas antes de su primer vuelo.

Como el abadejo casero sólo come insectos, prefiere vivir en las afueras, donde hay más insectos. El abadejo pertenece a la familia *Troglodytidae*, que significa "el que se arrastra a los agujeros". Fiel a su nombre, el abadejo casero se puede ver en las cavidades más extrañas: un guante de trabajo colgado de un tendedero, un ovillo de hilo, una tetera o un zapato viejo. Cuando el abadejo hembra escoge una cavidad, la refuerza bien con los materiales usados en el nido para proteger su huevo de los intrusos.

Además de pasto, ramas y plumas, en los nidos de abadejos se han encontrado pasadores para el pelo, pañuelos de papel, clavos, alambre,

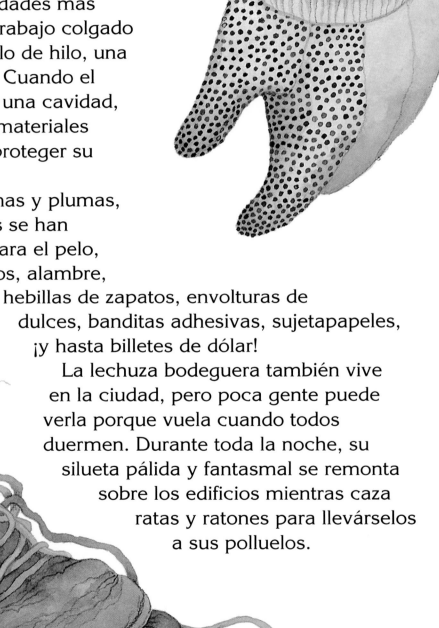

hebillas de zapatos, envolturas de dulces, banditas adhesivas, sujetapapeles, ¡y hasta billetes de dólar!

La lechuza bodeguera también vive en la ciudad, pero poca gente puede verla porque vuela cuando todos duermen. Durante toda la noche, su silueta pálida y fantasmal se remonta sobre los edificios mientras caza ratas y ratones para llevárselos a sus polluelos.

La lechuza bodeguera puede ver en la oscuridad y puede oír incluso el rasguño más leve. Hasta su graznido es apropiado para la vida urbana; cuando grita en la noche, suena como el chirrido de los frenos de un auto.

Cuando amanece, las lechuzas bodegueras regresan a su nido a dormir. Les gusta vivir bajo los puentes de trenes y carreteras y dentro de viejos graneros y campanarios. En lugar de hacer nidos ponen sus huevos en lugares planos y protegidos. Cuando las crías de las lechuzas bodegueras crecen, permanecen muy juntas, siseando y sorbiendo mientras esperan a que sus padres regresen con la comida.

El chotacabras hace su nido en el suelo;
busca una superficie plana y abierta para
poner sus huevos. Como el suelo de la
ciudad está lleno de gente y de autos,
el chotacabras suele empollar a sus crías
en los techos planos cubiertos de grava.

Si miras hacia arriba en una cálida noche
de verano, quizás veas a un chotacabras
descendiendo sobre los faroles de las calles,
recolectando insectos con su pico grande
y abierto. O tal vez escuches su llamado
en la oscuridad... *piint... piint...*

Al igual que el chotacabras, el frailecillo no hace nidos. Pone sus huevos en espacios abiertos, en lugares donde el patrón moteado del cascarón se camufla. En la ciudad puedes encontrar huevos de frailecillos sobre la grava, al borde de un estacionamiento o junto a las vías del tren. ¡Una vez se encontraron huevos de frailecillos al final de un campo de fútbol!

En el invierno los cuervos vuelan juntos en grandes parvadas. Por la noche duermen en las copas de los árboles de los parques.

Al anochecer llegan primero uno o dos, posándose en las ramas altas y produciendo un susurro suave con las alas. Cuando desciende la noche, aparecen más cuervos y el clamor aumenta. Cascabelean, chillan como gatos y emiten sonidos metálicos mientras se empujan para conseguir su propio espacio. Cuando aumenta la oscuridad, los graznidos disminuyen gradualmente hasta que sólo se escucha un gorjeo ocasional. Entonces, los cuervos se acomodan para pasar la noche.

En noviembre los búhos nivales migran desde la tundra ártica para pasar el invierno en las ciudades del norte. Parece que les gustan los lugares azotados por el viento, como los aeropuertos; tal vez porque les recuerda su hogar. Los búhos se posan en la tierra, confundiéndose con la blancura de la nieve.

Cuando oscurece, los búhos nivales empiezan a cazar ratones, ratas y conejos. Vuelan despacio y en silencio, volteando la cabeza de un lado a otro, ojeando el terreno en busca de movimiento. A veces, los búhos nivales se posan en un pequeño montículo de nieve y esperan completamente inmóviles a que pase una presa. El sonido de los aviones no parece molestarlos en absoluto.

Los autos y los camiones avanzan pesada
y estruendosamente sobre los grandes puentes
de las ciudades. Pero debajo de ellos, ocultos
entre las vigas, los halcones peregrinos han
encontrado su hogar. De figura compacta
y con alas poderosas, el halcón es una de las
aves más veloces del mundo. En las ciudades
se remonta por encima de puentes y edificios,
cazando las palomas y aves pequeñas que
vuelan más abajo. Cuando detecta su presa,
el halcón dobla las alas, apretándolas al
cuerpo, ¡y se lanza en picada a velocidades
de más de ciento cincuenta millas por hora!

En las ciudades de todo el país, la gente se siente fascinada con el halcón peregrino y hace lo que puede para que esta noble ave se sienta bien recibida. En muchas ciudades la gente pone cajas llenas de grava en las salientes de los rascacielos para que aniden allí. A los halcones parece gustarles estas alturas rocosas, llenas de viento, porque regresan a las cajas al principio de cada primavera para poner sus huevos y criar a sus polluelos. En estas perchas altas, sin enemigos naturales y con muchas palomas, los halcones se están adaptando bien a la vida urbana.

Muchas aves hacen sus hogares en plena ciudad: gorriones y pinzones, lechuzas bodegueras y búhos nivales, chotacabras y frailecillos, palomas y abadejos, cuervos y halcones. Cada una ha encontrado su propia percha urbana.

Perchas urbanas:
dónde anidan las aves en la ciudad

Conoce a la autora e ilustradora

El amor de **Barbara Bash** por el arte comenzó a través de su amor por las letras. *"Mi primera relación con el arte y la creatividad fue por medio del abecedario. Me encantaba dibujar las letras. En la escuela primaria experimenté constantemente con sus formas"*, afirmó ella. Su amor por el arte y las letras la llevó a estudiar caligrafía, el arte de hacer letras elegantes. Luego, comenzó a estudiar la naturaleza y aprendió a dibujarla. Su amor por la naturaleza la hizo crear libros para niños.

Antes de escribir un libro, estudia todo lo que puede sobre el tema en libros, fotografías y películas. Luego, viaja a la zona donde puede estudiar el tema. Fue a Arizona a estudiar los cactos y al este de África para ver el árbol llamado baobab. Para este libro, Barbara Bash caminó por Nueva York y vio los lugares donde las aves anidan en la ciudad.

Relación con el tema

En la selección

Libreta del escritor

Anota tus respuestas en la sección de Respuestas de tu Libreta del escritor. Luego, compártelas en un grupo pequeño. Comenten sus ideas y elijan a un compañero para que presente las respuestas ante la clase.

- ¿En qué se parecen los hogares de las aves en las ciudades a los que podrían hacer en el campo?
- ¿Por qué son importantes estas similitudes?

A través de las selecciones

- ¿Qué otra selección informativa has leído sobre la vida silvestre en la ciudad? ¿En qué se parecen estas dos selecciones?

Más allá de la selección

- Piensa en lo que "Perchas urbanas" te enseña sobre la vida silvestre en la ciudad.
- Añade al Tablero de conceptos y preguntas tus observaciones sobre la vida silvestre en la ciudad.

Preguntas de enfoque ¿En qué crees que se diferencia un animal doméstico de un animal silvestre? ¿Qué piensas que pueden hacer las personas para preservar los hábitats de los animales silvestres?

LA ARDILLA

Amado Nervo
ilustraciones de Pamela Carroll

La ardilla corre,
la ardilla vuela,
la ardilla salta
como locuela.
—Mamá, ¿la ardilla
no va a la escuela?

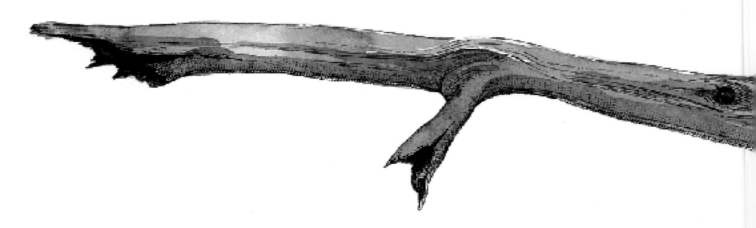

—Ven, ardillita,
tengo una jaula
que es muy bonita.
—No; yo prefiero
mi tronco de árbol
y mi agujero.

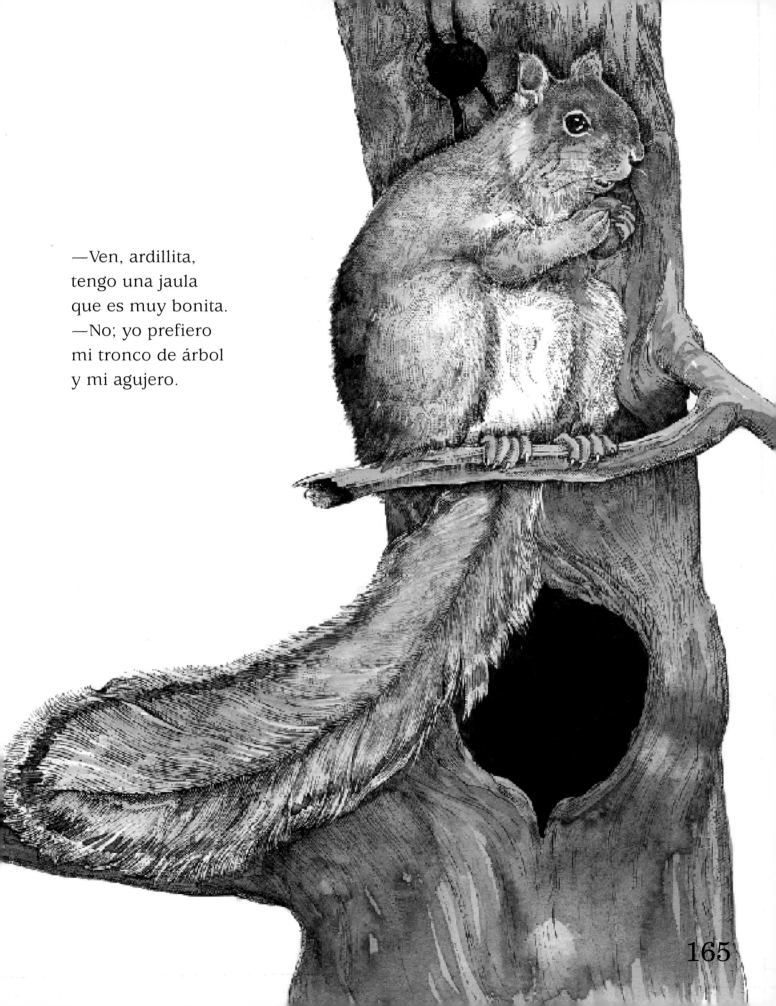

165

Preguntas de enfoque ¿Cómo crees que hacen los venados para llegar a las ciudades? ¿Qué se puede hacer para proteger a los venados en una ciudad?

Dos días de mayo

Harriet Peck Taylor
ilustrado por Leyla Torres

Temprano por la mañana en el mes de mayo, me asomé por la ventana de la salida de incendios y me froté el sueño de los ojos. Miré hacia el pequeño huerto que había plantado detrás de nuestro edificio de apartamentos. ¡Había cinco animales comiéndose las lechugas recién brotadas de mi huerto!

—¡Mamá, mamá! —grité—. ¡Ven a ver lo que hay en nuestro jardín!

Mamá corrió a la ventana y llegó sin aliento. —Sonia, esos animales son venados, pero ¿cómo llegaron aquí? —preguntó—. Iré a decírselo al señor Donovan.

166

Cuando papá y yo bajamos al jardín, estaba llegando un pequeño grupo de gente.

—Papá, ¿por qué hay venados en la ciudad? —pregunté.

—Tal vez llegaron hasta aquí en busca de comida. Probablemente olieron tu huerto —me explicó.

Nunca había visto algo tan asombroso. La piel era de un color café dorado y se balanceaban en unas pezuñas muy pequeñas. Tenían las colas nerviosas y eran de ojos grandes, negros y amables.

En la esquina retumbó un tranvía, pero aquí la vida parecía haberse detenido. Las palomas y las ardillas eran casi los únicos animales que habíamos visto en nuestro vecindario.

Mirando a mi alrededor, reconocí a muchos vecinos. Allí estaban Isidro Sánchez y su hermana, Ana. Cerca de mí estaban el señor Smiley, dueño de la Lavandería Smiley, y mi mejor amiga, Peach, con Chester y Clarence Martin y las hermanas Yasamura, que vivían en nuestro mismo piso. Vi al señor Benny, el chofer de taxi, y a la anciana de las palomas, quien sonreía encantada. Me di cuenta de que incluso los vecinos que casi no se conocían estaban parados juntos y conversando en voz baja, en forma amigable. Bueno, todo el mundo, excepto el señor Smiley y la señora de las palomas, que no se dirigían la palabra. El señor Smiley estaba enojado porque la señora de las palomas les daba de comer a sus palomas frente a su lavandería, y él pensaba que eso perjudicaba su negocio.

El señor Donovan, nuestro arrendador, se acercó a papá. Hablaron en voz baja, pero yo escuchaba todo.

—Luis, yo también creo que los venados son muy hermosos, pero ambos sabemos que no se pueden quedar aquí —susurró el señor Donovan—. Podría arrollarlos un auto. Su medio es el bosque, no la ciudad. Creo que será mejor llamar a los funcionarios encargados del control de animales.

Papá asintió en forma solemne, y ambos se alejaron.

La señora de las palomas se nos acercó a Peach y a mí y dijo: —¡Ay, niñas! ¿No son maravillosos?

—¡Sí! —contestamos las dos al mismo tiempo.

—Me parece que dos de los venados son más pequeños. Probablemente sean hembras. Los machos son más grandes. Yo solía ver muchos venados hace años, cuando vivía en el campo.

Muy pronto, papá y el señor Donovan regresaron. Parecían estar preocupados. Reunieron a todo el grupo.

—La oficina de control de animales quiere matar a los venados —dijo papá—. Es la ley. Temen que los venados se mueran de hambre.

—No quedan suficientes bosques para que todos los venados encuentren un hogar —añadió el señor Donovan—. Por eso los venados jóvenes se alejan tanto. Buscan un territorio propio.

Todos estábamos tan callados que sólo se oían los sonidos de la ciudad: bocinas de autos, silbatos, rugidos y zumbidos.

El señor Benny fue el primero en hablar: —No podemos permitir que maten a los venados. Tiene que haber otra solución.

—¡Sí! ¡Así es! —dijo Teresa Yasamura.

Todo el mundo asentía con la cabeza.

—No dispararán contra los venados frente a tanta gente. Sería muy peligroso —dijo Chéster.

—¡Es verdad! —exclamó papá—. Podemos formar una cadena humana alrededor de los venados, sin acercarnos demasiado.

—¡Muy bien! —dijo Isidro—. Nos quedaremos aquí hasta que decidamos qué hacer.

Y así comenzó nuestra protesta pacífica.

El señor Benny frunció el ceño. —Recuerdo haber leído hace unos meses que hay una organización que rescata y les encuentra dónde vivir a los animales que se pierden o se lastiman. Un zorro fue golpeado por un auto pero no estaba muy mal herido. Esta organización lo adoptó hasta que se curó y luego le encontró un nuevo hogar lejos de las calles transitadas. Iré a ver si encuentro el número de teléfono.

Poco después el señor Benny regresó y anunció: —El rescatador de animales no estaba en este momento, pero le dejé un mensaje para que me llamara. Le dejé dicho que era una emergencia.

Cuando el funcionario del control de animales llegó, vio a la gente que rodeaba a los venados y decidió no correr riesgos.

—Si no les molesta, amigos —dijo— me quedaré por aquí hasta que todos ustedes se cansen de mirar y se vayan a sus casas. —Pero nosotros no pensábamos irnos.

Nos quedamos toda la tarde, esperando ansiosamente, esperando escuchar noticias de la organización de rescate. Nos pudimos conocer mejor y aprendimos más acerca de los venados.

Los ojos de Peach estaban brillantes y muy abiertos. —Miren cómo rotan las orejas grandes y suaves, a la izquierda y a la derecha —exclamó.

—Estudiamos a los venados en la clase de ciencias. Tienen un oído muy fino. Les ayuda a detectar desde lejos a otros animales que se acercan —dijo Clarence.

El señor Benny agitó la cabeza mientras se nos acercaba. —A veces veo a esta clase de venados por la noche, frente a los faros de mi auto, cuando manejo más allá de los límites de la ciudad. Cuando las luces del taxi los asustan, levantan las colas como banderas. Tienen las colas blancas por debajo, lo que significa que son venados de cola blanca.

Los venados pastaban y dormían cautelosos, siempre atentos al peligro. Nos miraban con ojos curiosos e inteligentes. Podía ver que la gente los hacía sentir incómodos y me ayudó a darme cuenta de que realmente eran animales silvestres. Tratamos de mantenernos a distancia y de no hacer movimientos repentinos.

Cuando llegó la noche, la multitud había crecido. Conversamos en voz baja y contamos chistes mientras montábamos guardia para nuestros silenciosos amigos. Ordenamos pizza del restaurante de Giuseppe.

Ana Sánchez se acercó al funcionario de control de animales. —¿Le gustaría una rebanada de pizza? —preguntó.

—Muchas gracias —dijo el funcionario—. Me llamo Steve Scully, y entiendo que esto debe ser muy difícil para todos ustedes. Ésta es la parte de mi trabajo que no me gusta.

—El problema es el crecimiento de la población. Hemos construido ciudades y carreteras donde antes había bosques y arroyos. Ahora queda muy poco espacio para los venados. No hay una solución fácil —dijo, moviendo tristemente la cabeza.

Le pedí a papá que me dejara dormir afuera esa noche, porque casi todos se quedarían. Mamá trajo a mi hermanito, Danny. También trajo sábanas, una colcha, una chaqueta y hasta mi perrito de peluche, Hershey.

Mamá se sentó cerca de mí y puso su brazo alrededor de mis hombros. —¿Estás segura de que estás bien abrigada, Sonia? —preguntó.

—Segura —le dije.

Nos sentamos juntas en silencio, contemplando los venados.

Finalmente dijo: —Tengo que llevar a Danny a la cama —y me besó en la frente—. Que duermas bien, amorcito.

Dormí como una osita, enrollada contra la ancha espalda de papá.

A la mañana siguiente, desperté con el sol en los ojos y los sonidos de la ciudad zumbándome en los oídos. Papá me abrazó y me preguntó si me había gustado acampar afuera.

—Soñé que dormía con los venados en unos bosques muy frescos, bajo árboles muy altos.

—¡Lo hiciste, Sonia! —dijo sonriendo—. Pero no en el bosque.

Miré los venados. —¿Ya llamó el rescatador de animales? —pregunté.

—Sí, Sonia. La organización llamó tarde anoche y esperan enviar a alguien esta mañana.

El grupo estaba en silencio mientras todos seguíamos esperando.

Más tarde esa mañana, llegó un camión anaranjado, todo oxidado. El hombre que se bajó de él tenía una expresión amable y franca. Todos lo mirábamos.

—¡Hola, amigos! Me llamo Carl Jackson y vengo de la organización de rescate de animales —dijo—. Necesito meter los venados en unas cajas grandes para llevarlos a nuestro centro. No se alarmen, voy a inyectarles pequeñas cantidades de tranquilizante para ponerlos a dormir un momento. Luego, cuando se tambalearon sobre sus patas inestables, los sujetó con suavidad y los llevó hasta las cajas de madera.

Carl se volteó hacia la multitud y sonrió: —Yo también amo a los animales y todos ustedes deberían sentirse orgullosos por ayudar a salvar a estos venados. Les hallaré un hogar en el bosque donde estarán contentos y a salvo, y tendrán mucho que comer.

Steve Scully se acercó y le extendió la mano a Carl. —Me alegro de que llegaras, amigo.

Se escuchó una ovación de todos los allí reunidos. La gente se felicitaba con palmaditas en la espalda. Isidro levantaba la mano y les decía a todos: "choquen estos cinco", incluso al señor Donovan y a la señora de las palomas. Peach y yo nos abrazamos y papá se dio la mano con Carl y Steve. Yo me despedí de Teresa y de Sandy Yasamura y del señor Benny.

Incluso vi que el señor Smiley le daba la mano a la señora de las palomas. —Tal vez les pueda dar de comer a sus palomas *detrás* de mi lavandería —dijo—. Tengo un pequeño espacio allá atrás.

La señora de las palomas sonrió.

Unos días después, papá recibió una llamada de Carl. ¡Una de las venadas había tenido dos venaditos! Y Carl había encontrado un hogar para los siete venados en una zona boscosa al noroeste de la ciudad.

A veces, cuando me siento en la escalera de incendios viendo las titilantes luces de la ciudad, pienso en los venados. Me imagino que se deslizan silenciosos por praderas de altos pastizales, radiantes bajo la luz plateada de la luna.

Dos días de mayo

Conoce a la autora

Harriet Peck Taylor se crió en una familia que pintaba, contaba cuentos y acampaba. Todas estas actividades la inspiraron a ser artista. En la escuela primaria escribía e ilustraba libros. Aún muestra estos libros cuando se presenta en escuelas por todo Estados Unidos, aunque algunos se ríen de sus dibujos sencillos. Como ella ha tenido animales toda la vida, son uno de sus temas favoritos. A los jóvenes que quieren ser escritores Harriet les aconseja: *"Escriban sobre cosas que les importen y que en verdad los emocionen. De esa forma, estarán inspirados para escribir y les resultará divertido".*

Conoce a la ilustradora

Leyla Torres se crió en Bogotá, Colombia, donde sus padres tenían una escuela primaria. Allí, Leyla comenzó a disfrutar de la lectura y del dibujo. Su sueño había sido visitar la ciudad de Nueva York para ir a todos los museos de arte. Sus tíos le ofrecieron dónde quedarse por un año en la ciudad. Su experiencia en la Biblioteca Pública de Nueva York la inspiró a escribir y hacer ilustraciones. Ella comentó: *"Nunca había visto tantos libros infantiles en un solo lugar. Así floreció el deseo de hacer mi propio libro y todos los autores fueron como mis maestros".*

Relación con el tema

En la selección

Libreta del escritor

Anota tus respuestas en la sección de Respuestas de tu Libreta del escritor. Luego, compártelas en un grupo pequeño. Comenten sus ideas y elijan a un compañero para que presente las respuestas ante la clase.

- ¿Por qué no podía ser un buen hogar para los venados el huerto de Sonia en la ciudad?
- "Dos días de mayo" se basa en una historia real. ¿Por qué llegan cada vez más venados a las ciudades?

A través de las selecciones

- Compara los venados de este cuento con la vida silvestre de otros cuentos que has leído.

Más allá de la selección

- Piensa en lo que "Dos días de mayo" te enseña sobre la vida silvestre en la ciudad.
- Añade al Tablero de conceptos y preguntas tus observaciones sobre la vida silvestre en la ciudad.

Preguntas de enfoque ¿Cómo sería descubrir un lugar secreto en la ciudad donde vivan animales? ¿Por qué sería tan importante proteger ese lugar secreto? ¿Qué puedes hacer para ayudar a proteger la vida silvestre cerca de tu casa?

Un lugar secreto

Eve Bunting
ilustrado por Ted Rand

En el corazón de la ciudad donde yo vivo
hay un lugar secreto.
Muy cerca hay una carretera
donde retumban los autos y camiones,
y unas vías de ferrocarril
con trenes de carga que rechinan y cambian de vías.

Hay bodegas
con ventanas cegadas por el polvo
y nombres garabateados con pintura en las paredes de ladrillo.

Los cables del teléfono y los postes eléctricos
cubren el cielo.
Las chimeneas lanzan sus nubes para ensombrecer el sol.

Pero en el corazón de la ciudad donde yo vivo,
muy abajo, oculto,
corre un río.
El agua es oscura y no muy honda
en su lecho de concreto.
Las plantas y las hierbas enredadas
cuelgan de las pendientes de las paredes de concreto.

Casi nadie sabe que aquí hay un río.
A casi nadie le importa.

Lo saben la señora Arrez,
y el señor Ramírez
y Peter y Janet, que están casados.

Yo lo sé, y mi papá lo sabe también.
Él maneja un elevador de carga
en una de las bodegas de ladrillo
y yo le mostré el lugar secreto
el día que lo encontré.

183

La garza real también lo encontró.
Yo observo al ave irse flotando,
las patas delgadas y estiradas,
las plumas de la cabeza abiertas en abanico.

El alaverde lo sabe.

El pato monja que viene a deslizarse sobre el agua lo sabe.

Y los patos silvestres que vuelan por encima lo saben.

Los he visto aquí antes.

Peter dice que el año pasado

había un nido de patos silvestres,

recubierto de plumas del pecho de la madre.

Más tarde hubo patitos.

—Anidarán aquí de nuevo —dice Peter.

Y yo salto una y otra vez. —¡Patitos! ¡Magnífico!

Gorriones

Pato silvestre

La señora Arrez, el señor Ramírez y Janet y Peter
traen binoculares.
Me dejan ver con ellos.
Los gorriones alineados en la cerca de alambre de púas
parecen tan grandes como gallaretas.

Peter me dice el nombre de las aves.
Él mismo parece un pájaro,
con el pelo del color de una cerceta canela.

Pato monja

Negreta

Cerceta canela

Alaverde

En el corazón de la ciudad donde vivo
siempre hay ruido:
El gruñido del tránsito,
el ronquido de los trenes,
el bip, bip de un camión en reversa.

El lugar secreto tiene sus propios ruidos:
el cloqueo de las negretas,
el graznido de los alaverdes,
el ra, ra, de los patos silvestres que circundan el cielo.

Peter y Janet me trajeron aquí
una noche. Estuvimos de pie
mientras a nuestras espaldas la ciudad
trepidaba.

El lugar secreto estaba en paz.
Las aves habían anidado,
el río corría lento como la miel.
Muy juntos, los patos dormían.

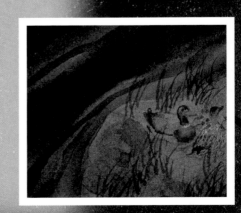

Un coyote llegó
a lamer el agua en sombras.
Una zarigüeya
cargaba a sus crías a beber.

189

—¿Cómo encontraron este lugar? —pregunté.
—Siempre han estado aquí —dijo Janet.
—Antes de que la ciudad creciera
había espacios silvestres.
Esto es lo único que queda.
Las criaturas silvestres necesitan silencio.
Y nosotros también.

Los cables telefónicos arrullaban a la luna
en su cuna de cables.
Las estrellas descansaban brillantes
sobre los postes telefónicos.

—Quiero decirles a todos
lo que hay aquí —dije.
—Ten cuidado —dijo Peter—.
Algunas personas pueden querer
cambiar el lugar secreto.

—No quiero que eso suceda nunca —dije.
—Le conté a mi padre,
pero él sabe guardar secretos.
Escogeré bien a quién decírselo.

Sólo diré
que cerca de una carretera
y de una carrilera,
y de altas y humeantes chimeneas,
en el corazón de la ciudad donde vivo,
hay un lugar secreto.

Si lo puedes encontrar,
tal vez haya patitos.

Un lugar secreto

Conoce a la autora

Eve Bunting se crió en Irlanda. Nueve años después de casarse se mudó con su familia a los Estados Unidos. Ella piensa que el mundo está lleno de ideas para sus cuentos. Escribe sobre lo que pasa a su alrededor y en el mundo. *"Es imposible escribir sobre todas las cosas interesantes que veo. No hay suficientes horas en el día"*, dice. Eve usa sus ideas para escribir sobre caballos que corren libres, reyes, tiburones, ballenas, la vida silvestre y muchas cosas más.

Conoce al ilustrador

Ted Rand comenzó a dibujar decorados para los días festivos cuando estaba en la escuela primaria. Una vez que terminó la escuela secundaria, dibujó avisos para una tienda grande y para un periódico. También dio clases de ilustración en la Universidad de Washington. Ahora, dedica su tiempo a ilustrar libros para niños. *"Sinceramente puedo decir que nunca he disfrutado algo tanto como esto. Hay tantos desafíos en el campo de los libros infantiles, que no tengo tiempo para otra cosa"*, dice.

Relación con el tema

En la selección

Libreta del escritor

Anota tus respuestas en la sección de Respuestas de tu Libreta del escritor. Luego, compártelas en un grupo pequeño. Comenten sus ideas y elijan a un compañero para que presente las respuestas ante la clase.

- ¿Por qué pensó el niño del cuento que había hallado un lugar muy especial?
- ¿Por qué es útil este lugar secreto?
- ¿Por qué quería el niño del cuento que el lugar secreto continuara siendo un secreto?

A través de las selecciones

- ¿En qué se parece este cuento a "El niño que no creía en la primavera"?
- ¿En qué se parece y en qué se diferencia este cuento de las otras selecciones informativas de esta unidad?

Más allá de la selección

- ¿Conoces algún "lugar secreto" cerca de tu casa o en alguna ciudad que hayas visitado?
- Piensa en lo que "Un lugar secreto" te enseña sobre la vida silvestre en la ciudad.
- Añade al Tablero de conceptos y preguntas tus observaciones sobre la vida silvestre en la ciudad.

A veces nos dicen que dejemos de imaginarnos cosas. ¿Podemos dejar de imaginar cosas? ¿Debemos dejar de imaginar cosas? ¿Cómo funciona tu imaginación?

Preguntas de enfoque ¿Cuáles son los cinco sentidos?
¿Cómo crees que pueda afectar a una persona
perder uno de los sentidos?

Por los ojos de Abuelo

escrito por Patricia MacLachlan
ilustrado por Deborah Kogan Ray

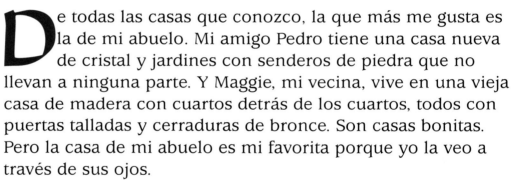

De todas las casas que conozco, la que más me gusta es la de mi abuelo. Mi amigo Pedro tiene una casa nueva de cristal y jardines con senderos de piedra que no llevan a ninguna parte. Y Maggie, mi vecina, vive en una vieja casa de madera con cuartos detrás de los cuartos, todos con puertas talladas y cerraduras de bronce. Son casas bonitas. Pero la casa de mi abuelo es mi favorita porque yo la veo a través de sus ojos.

Abuelo es ciego. No ve la casa como la veo yo. Tiene su propia manera de ver.

Por la mañana, el sol atraviesa las cortinas y me llega a los ojos. Yo me meto debajo de las cobijas para esconderme, pero la luz me persigue. Me doy por vencido, me quito las cobijas de encima y corro al cuarto de Abuelo.

El sol despierta a Abuelo de una forma diferente a como me despierta a mí. Él dice que lo toca, que lo despierta con su calor. Cuando me asomo por la puerta, Abuelo ya está levantado y hace sus ejercicios de la mañana. Se agacha y se estira junto a la cama. Se detiene y sonríe porque oye que estoy ahí.

—Buenos días, Juan.

—¿Dónde está Nana? —le pregunto.

—¿No lo sabes? —dice, doblándose y estirándose—. Cierra los ojos, Juan, y mira con mis ojos.

Yo cierro los ojos. Escucho ruidos de ollas y de agua corriendo provenientes de abajo, ruidos que antes no escuchaba.

—Nana está en la cocina, preparando el desayuno —le digo.

Cuando vuelvo a abrir los ojos, veo a Abuelo que asiente con la cabeza. Es alto y tiene el pelo oscuro y canoso. Y sus ojos son de un azul vívido, aunque su vista ya no es vívida.

Hago ejercicios con Abuelo. Arriba y abajo. Luego, trato de hacer ejercicio con los ojos cerrados.

—Uno, dos —dice Abuelo—, tres, cuatro.

—¡Espera! —exclamo. Todavía voy en uno, dos, cuando Abuelo va en tres, cuatro.

Caigo de lado. Tres veces. Abuelo ríe cuando oye los golpes en la alfombra.

—¡A desayunar! —grita Nana desde abajo.

—Huele a huevos fritos —dice Abuelo. Reclina su cabeza hacia la mía—. Y a pan tostado con mantequilla.

La baranda de madera de la escalera está desgastada de tanto que Abuelo ha pasado los dedos para arriba y para abajo. Yo camino detrás de Abuelo y sigo con los dedos su suave sendero.

Entramos a la cocina.

—Huele a flores —dice Abuelo.

—¿Cuáles flores? —pregunto yo.

Él sonríe. Le gustan las adivinanzas.

—No son violetas, Juan, ni peonías...

—¡Claveles! —exclamo. A *mí* me encantan las adivinanzas.

—Tonto —ríe Abuelo—. Son caléndulas. ¿Verdad, Nana?

Nana se ríe también.

—Eso es muy fácil —dice Nana colocándonos al frente dos platos de comida.

—No es tan fácil —protesto— ¿Cómo lo supo Abuelo? Todos los olores se mezclan en el aire.

—Cierra los ojos, Juan —dice Nana— dime qué vas a desayunar.

—Huelo los huevos. Huelo el pan tostado —digo con los ojos cerrados—. Y algo más. Algo que no huele bien.

—*Esa* otra cosa —dice Nana, sonriendo— son las caléndulas.

Cuando Abuelo come, su plato es como un reloj.

—Dos huevos a las nueve en punto y un pan tostado a las dos —le dice Nana a Abuelo—. Y un poco de mermelada.

—Un poco de mermelada —le digo a Abuelo— a las seis en punto.

Yo también convierto mi plato en un reloj, y como por los ojos de Abuelo.

Después del desayuno, sigo los pasos de Abuelo desde el comedor hasta la sala, de allí a la ventana que él abre para sentir la temperatura de afuera, a la mesa, donde encuentra su pipa, y hasta su violoncelo (violonchelo) que está en un rincón.

—¿Quieres tocar conmigo, Juan? —pregunta.

Él afina nuestros violoncelos sin mirar. Yo toco con las partituras en un atril que tengo al frente. Sé todo acerca de las notas sostenidas y bemoles. Las veo en las partituras. Pero Abuelo las toca. Están en sus dedos. Por un momento cierro los ojos y toco por los ojos de Abuelo. Mis dedos se deslizan de arriba a abajo por el mástil del chelo, hacia las clavijas para los bemoles y hacia el puente para los sostenidos. Pero con los ojos cerrados, el arco se me cae de las cuerdas.

—Escucha —dice Abuelo—. Tocaré una composición que aprendí cuando tenía tu edad. Era mi favorita.

Él toca la melodía mientras escucho. Así es como Abuelo aprende nuevas melodías. Escuchando.

—Ahora —dice el abuelo—, vamos a tocarla juntos.

—Está bien —dice mientras tocamos—. Pero es Do sostenido. ¡Do sostenido!

Más tarde, Nana saca su arcilla para esculpir la cabeza de Abuelo.

—Quédate quieto —se queja Nana.

—¡No quiero! —dice Abuelo imitando su voz rezongona y haciéndonos reír.

Mientras ella trabaja, Abuelo saca su tablita. La sostiene mientras piensa. Mueve los dedos de un lado a otro sobre la madera, dejando senderos suaves, como en la baranda.

—¿Puedo tener también una tablita de pensar? —pregunto.

Abuelo busca en el bolsillo de la camisa un pedacito de madera y me lo lanza. Yo lo agarro en el aire. Es suave, sin astillas.

—El río está crecido —dice Nana.

Abuelo apenas asiente. —Anoche llovió otra vez. ¿No oíste el gorgoteo de la lluvia en los canales?

Mientras hablan, mis dedos empiezan a hacer un río en mi madera de pensar. La madera pasará todo el invierno en mi bolsillo, así que cuando no esté en casa de Abuelo, podré pensar en Nana, en Abuelo y en el río.

Cuando Nana termina de trabajar, Abuelo pasa las manos sobre la escultura, con dedos suaves y rápidos como mariposas.

—Se parece a mí —dice, sorprendido.

Los ojos ya me dijeron que se parece a Abuelo. Pero él me muestra cómo sentir su cara con mis tres dedos del medio, y luego, cómo sentir la cara de arcilla.

—Imagina que tus dedos son de agua —me dice.

Mis dedos de cascada fluyen por la cabeza de arcilla, llenando los espacios bajo los ojos, como pequeños lagos antes de correr por las mejillas. En verdad se siente como Abuelo. Esta vez me lo dicen los dedos.

Abuelo y yo salimos por el jardín del frente y cruzamos el campo hasta llegar al río. Abuelo no ha sido ciego toda su vida. Él recuerda el reflejo del sol en el agua, las zanahorias silvestres de los pastizales y todas las dalias de su jardín. Pero, mientras caminamos, me toma suavemente del codo para que yo lo vaya guiando por el camino.

—Siento un viento del sur —dice Abuelo.

Yo sé de dónde sopla el viento porque veo la forma en que se inclinan las copas de los árboles. Abuelo lo sabe por la manera en que siente el pastizal y por la forma en que el pelo le sopla en la cara.

Cuando llegamos a la ribera del río, veo que Nana tenía razón. El río está crecido y llega hasta el sauce llorón. El agua corre alrededor y entre las raíces del árbol, haciendo senderos. Senderos como los del abuelo en la baranda de la escalera y en la tablita de pensar. Veo un mirlo con una mancha roja en las alas posado en una espadaña. Sin pensarlo, lo señalo con el dedo.

—¿Qué pájaro es ése, Abuelo? —pregunto emocionado.

—Con-ca-rii —hace el pájaro.

—Es un mirlo de alas rojas —responde Abuelo de inmediato.

No puede ver lo que señalo con el dedo, pero escucha el canto del ave.

—Y más allá, detrás del mirlo —dice, escuchando—, hay un gorrión cantor.

Oigo su chirriante canto y busco por todos lados hasta que por fin veo ese pájaro color tierra que Abuelo sabe que está aquí.

Nana nos llama desde el porche de la casa.

—Nana acaba de hornear pan para la comida —me dice Abuelo con alegría—. Y té de especias. —El té de especias es su favorito.

Yo cierro los ojos, pero lo único que puedo oler es la tierra húmeda junto al río.

Cuando caminamos de regreso a casa, Abuelo se detiene de repente. Inclina la cabeza a un lado y escucha. Señala hacia arriba con un dedo.

—Graznadores —susurra.

Levanto la vista y veo una bandada de gansos, arriba en las nubes, volando en la forma de una V.

—Gansos canadienses —le digo.

—Graznadores —insiste—. Y ambos nos reímos.

Caminamos por el mismo sendero y llegamos al patio, donde Nana está pintando las sillas del porche. El Abuelo huele la pintura.

—¿Qué color es, Nana? —pregunta—. No puedo oler el color.

—Azul —le digo, sonriendo—. Azul como el cielo.

—Azul como los ojos de Abuelo —dice Nana.

Cuando era joven, antes de lo que yo recuerde, antes de ser ciego, Abuelo hacía las cosas como yo. Ahora, mientras bebemos té y comemos en el porche, el abuelo se sirve una taza de té, colocando un dedo justo al borde de la taza, para saber cuando esté llena. Nunca se quema el dedo. Después, mientras yo lavo los platos, él los palpa mientras los seca. A veces hasta me devuelve algunos para que los lave de nuevo.

—La próxima vez —dice Abuelo, fingiendo estar enojado—, yo lavo y tú secas.

Por la tarde, Abuelo, Nana y yo sacamos nuestros libros para leer bajo el manzano. Abuelo lee su libro con los dedos, palpando los puntos Braille que le dicen las palabras.

Mientras lee, el abuelo ríe a carcajadas.

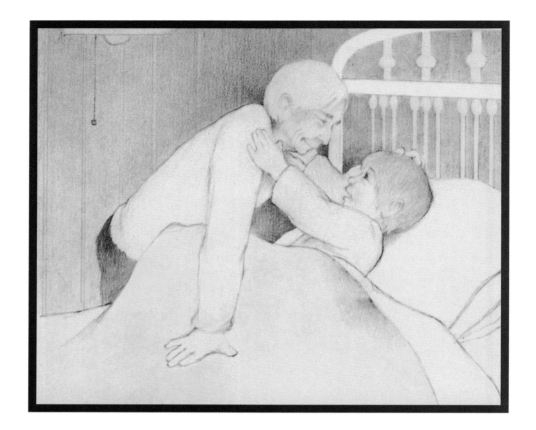

—Dinos qué es tan divertido —dice Nana—. Léenos, Papá.

Y él lo hace.

Nana y yo dejamos de leer nuestros libros para escucharlo. Una ardilla gris baja del manzano, con la cola en alto, y también parece escuchar. Pero Abuelo no la ve.

Después de la cena, Abuelo enciende la televisión. Yo miro, pero Abuelo escucha, y la música y las palabras le dicen cuando algo es peligroso o divertido, feliz o triste.

De alguna manera, Abuelo sabe cuándo oscurece, y me lleva a mi cuarto para arroparme en la cama. Se inclina para besarme y sus manos sienten mi cabeza.

—Necesitas un corte de pelo, Juan —dice.

Antes de que Abuelo salga, tira de la cadena de la lámpara que tengo encima de mi cama para apagar la luz. Pero se equivoca y la enciende. Yo me quedo inmóvil un momento después de que ha salido, sonriendo, y luego me levanto a apagar la luz.

210

Luego, cuando está oscuro para mí, de la misma manera que para Abuelo, escucho los ruidos nocturnos que él escucha. La casa cruje, los pájaros cantan las últimas canciones del día, el viento sacude el árbol que está contra mi ventana.

Luego, de repente, escucho a los gansos allá arriba. Vuelan sobre la casa.

—Abuelo —digo en voz baja, con la esperanza de que él también los oiga.

—Graznadores —responde.

—Duérmete ya, Juan —dice Nana.

Abuelo dice que la voz de Nana le sonríe. Yo quiero ver si es verdad.

—¿Qué? —le digo a Nana.

—Dije que te durmieras —responde.

Lo dice muy seria. Pero Abuelo tiene razón. La voz de Nana me sonríe. Lo sé porque lo veo por los ojos de Abuelo.

Por los ojos de Abuelo

Conoce a la autora

Patricia MacLachlan se crió en una familia donde se fomentaba la lectura. Ella y sus padres leían libros, luego los comentaban y los representaban. Cuando tenía treinta y cinco años comenzó a escribir cuentos para niños. La más famosa es *Sarah, sencilla y alta*, pero casi todos sus libros han recibido premios y alabanzas. Su preocupación por las familias se revela en muchos de sus libros. Dice: *"Veo que escribo libros sobre hermanos y hermanas, sobre lo que constituye una familia, lo que funciona y lo que la ayuda a desarrollarse".*

Conoce a la ilustradora

A **Deborah Kogan Ray** le encantaba jugar con otros niños en el callejón trasero de la calle de la ciudad donde se crió. *"Era buena para jugar pero me sentía como una extraña. Me gustaba más leer y dibujar",* dice. Cuando tenía doce años decidió ser artista. Tomó clases extras de arte y fue a la universidad a estudiar arte. Comenzó a escribir y a ilustrar libros para niños mientras criaba a sus dos hijas.

Relación con el tema

En la selección

Libreta del escritor

Anota tus respuestas en la sección de Respuestas de tu Libreta del escritor. Luego, compártelas en un grupo pequeño. Comenten sus ideas y elijan a un compañero para que presente las respuestas ante la clase.

- ¿Cómo ve las cosas el abuelo de Juan?
- ¿Cómo puede Juan ver las cosas por los ojos de su abuelo?

A través de las selecciones

- Este cuento nos muestra una amistad especial entre Juan y su abuelo. ¿Has leído otros cuentos acerca de amistades especiales?

Más allá de la selección

- ¿Has tratado alguna vez de sentir lo que sentía otra persona? ¿Cómo lo hiciste?
- Piensa en lo que "Por los ojos de Abuelo" te enseña sobre la imaginación.
- Añade al Tablero de conceptos y preguntas tus observaciones sobre la imaginación.

El Sol quería bañarse...

Salvador de Madariaga
ilustrado por Ande Cook

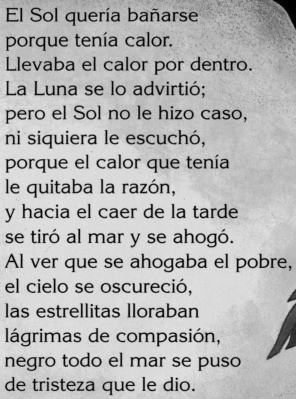

El Sol quería bañarse
porque tenía calor.
Llevaba el calor por dentro.
La Luna se lo advirtió;
pero el Sol no le hizo caso,
ni siquiera le escuchó,
porque el calor que tenía
le quitaba la razón,
y hacia el caer de la tarde
se tiró al mar y se ahogó.
Al ver que se ahogaba el pobre,
el cielo se oscureció,
las estrellitas lloraban
lágrimas de compasión,
negro todo el mar se puso
de tristeza que le dio.

Sólo la Luna en el cielo
muy serena se quedó.
"No os asustéis" les decía,
"que no hemos perdido al Sol.
Mañana de mañanita
saldrá por otro rincón,
más fresco que una lechuga
con el baño que se dio."
A la mañana siguiente,
sonriente salió el Sol;
el cielo se puso alegre,
el mar, de gozo, bailó,
las estrellas se reían
del susto que el Sol les dio;
y la Luna, satisfecha,
en su cuarto se durmió.

215

El gato que se volvió poeta

de ***Nonstop Nonsense***
Margaret Mahy
ilustrado por Quentin Blake

Una vez, un gato atrapó a un ratón, como hacen los gatos.

—No me comas —gimió el ratón—. Soy poeta y tengo un poema que voy a escribir.

—Eso no cambia nada —respondió el gato—. La regla dice que los gatos deben comer ratones, y eso es todo.

—Si tan sólo escucharas mi poema, cambiarías de opinión —dijo el ratón.

—Está bien —bostezó el gato—. No me importa escuchar un poema, pero te advierto que eso no cambiará nada.

Así que el ratón bailó y cantó:

"El gran ratón, todo gris, de bigotes parados,
Baila feliz entre el follaje espeso.
Del sol mastica los rayos dorados
Y se come la luna, que es de queso."

—¡Muy bien! ¡Qué buen poema! —dijo el gato—.
Pero un poema es sólo un poema y los gatos aún
comen ratones.

Y se comió al ratón, como hacen los gatos.

Luego se lamió las patas y la cara, y se enrolló en
una cama de hierba gatera, arropándose la nariz, la cola
y las patas. Luego, durmió una breve siesta gatuna.

Poco después despertó alarmado.

—¿Qué me sucede? —pensó—. Me siento muy
extraño. Sentía que tenía la cabeza llena de luces de
colores. Las imágenes iban y venían frente a sus ojos.
Las cosas distintas parecían iguales. Las cosas reales
cambiaban y se convertían en sueños.

—¡Calatrabazas! —pensó el gato—. Quiero escribir un poema.

Abrió la boca para maullar, pero le salió un poema:

"El gran Sol-Gato sale por el este.
¡Toca los montes con bigotes fieros!
¡Atención! El fuego de su sonrisa
¡Quema en los mares del planeta entero!"

"¡Maldición gatuna!", se dijo el gato. "Me he convertido en poeta, pero yo no quiero hacer poesía. Sólo quiero ser un gato que atrapa ratones y duerme en la hierba gatera. Tendré que preguntarle a la bruja acerca de esto".

El gato fue a la casa torcida de la bruja. La bruja estaba sentada en la ventana, con la cabeza entre las manos. Los sueños de la bruja se convirtieron en mariposas negras y salieron volando por la ventana.

Le tomó la temperatura al gato y le dio una medicina mágica que sabía a diente de león.

—Ahora, ¡habla! —le ordenó.

El gato abrió la boca para preguntarle si estaba curado. Pero sin querer, dijo:

"Acostado en mi cama de hierba gatera
Florece el cerezo a mi cabecera,
¿De verdad soy el gato que yo creo?
¿O soy sólo un gato salido de un sueño?"

218

—Me temo que es demasiado tarde —dijo la bruja—.
Tu caso no tiene remedio. La poesía se te metió en la
sangre y estará contigo el resto de tu vida.

—¡Calatrabazas! —gritó el gato con tristeza, y se fue
a su casa.

Pero cinco casas antes de la suya, un perro negro
llamado Max lo persiguió, como lo hacen los perros,
y el gato tuvo que subirse a un árbol. Amenazó a
Max con una pata e iba a sisearle y escupirle, pero
en cambio se encontró diciendo:

"El Coronel Perro, dispara su cañón,
Y manda un desfile de soldados blancos.
Defiende su casa de ladrones y gatos,
Y de cualquier amenaza de atraco".

El perro se detuvo y lo miró sospechosamente:
—¿Cómo me llamaste? ¿Coronel Perro? Me gusta. Pero,
¿qué quiere decir "dispara su cañón"?

—Es tu ladrido... dijo el gato.

—Y ¿qué significa lo del desfile de soldados blancos?
—preguntó el perro.

—Son tus dientes —dijo el gato.

El perro meneó la cola. —Me gusta la forma en que
lo dices —dijo—. ¿Cómo aprendiste a hablar así?

—Bueno, es poesía —dijo el gato, sin darle
importancia—. Verás, yo soy poeta.

—Pues, te diré una cosa. Te dejaré ir sin un ladrido si
me dejas ir a visitarte para escuchar ese poema de vez
en cuando —dijo el perro Max, meneando todavía la
cola—. Tal vez pueda llevar a otros perros a escucharlo.
Coronel Perro, ¿eh? Soldados blancos, ¿no? Muy cierto.

Y dejó que el gato se fuera a su casa y a su cama de
hierba gatera.

"Si él supiera", pensó el gato, "que no intentaba alabarlo. La poesía es algo muy truculento y puede tomarse en dos sentidos".

El gato siguió pensando. "Me volví poeta cuando me comí al ratón. Tal vez el ratón se volvió poeta cuando comió semillas. Tal vez todo esto de la poesía sólo sea la forma que tiene el mundo de hablar sobre sí mismo". Y en ese momento sintió que le llegaba a la mente otro poema.

—Apenas tengo tiempo para dormir —murmuró entre sus bigotes—. Pero eso sí, nunca volveré a comerme a un poeta. Con uno es bastante.

Y se enrolló en el lecho de hierba gatera para tomar una pequeña siesta, como lo hacen los gatos.

Pasemos a la página siguiente antes de que se despierte...

El gato que se volvió poeta

Conoce a la autora

Margaret Mahy nació y se crió en Nueva Zelandia. Ha trabajado como bibliotecaria y escribe libros para niños. Dice que sabía que quería escribir: *"Desde que tenía siete años... decidí en la niñez que quería ser escritora y solía escribir en pequeñas libretas, que también ilustraba"*. Ha escrito más de 100 libros para lectores jóvenes, y varios para adultos jóvenes. En sus libros, ella afirma: *"Trato de contar una historia emocionante, algo que a los niños les guste leer"*.

Conoce al ilustrador

Quentin Blake nació y se crió en Inglaterra. Es autor, ilustrador, maestro y corrector. Ha ilustrado más de 200 libros. Quentin Blake tiene algunos consejos para los artistas jóvenes: *"Deben desear dibujar todo el tiempo, porque ésa es la única forma de sobresalir en ello. Pueden estudiar cierta cantidad de técnica, pero la práctica es el elemento clave"*.

Relación con el tema

En la selección

 Anota tus respuestas en la sección de Respuestas de tu Libreta del escritor. Luego, compártelas en un grupo pequeño. Comenten sus ideas y elijan a un compañero para que presente las respuestas ante la clase.

- En realidad el gato comenzó a usar su imaginación después de que se volvió poeta. ¿Cómo sabemos que está usando su imaginación?
- ¿Por qué dijo el gato que la poesía es algo truculento?

A través de las selecciones

- Dale un vistazo a "Por los ojos de Abuelo". ¿Eran poéticas algunas de las cosas que dijo el abuelo?

Más allá de la selección

- ¿Has tratado alguna vez de escribir un poema? ¿Cómo te ayudó tu imaginación?
- Piensa en lo que "El gato que se volvió poeta" te enseña sobre la imaginación.
- Añade al Tablero de conceptos y preguntas tus observaciones sobre la imaginación.

Una CAPA para el SOÑADOR

escrito por Aileen Friedman
ilustrado por Kim Howard

Había una vez un sastre que tenía tres buenos hijos. El sastre amaba a sus hijos y apreciaba la ayuda que le daban.

Iván, el mayor, recogía todos los alfileres del piso de la sastrería de su padre y reunía todas las hebras sueltas de hilo. Cuando podía, Iván miraba a su padre medir, cortar y coser. Él quería llegar a ser sastre y trabajar junto a su padre.

Alex, el hijo del medio, le traía a su padre los rollos de tela para cortar y después los guardaba con mucho cuidado. Cuando podía, Alex practicaba cosiendo los pequeños retazos de tela. Él también quería ser sastre y trabajar junto a su padre.

Misha, el hijo menor, recorría todo el pueblo para entregar a los clientes de su padre las chaquetas, las capas y los vestidos. Cuando podía, se detenía en la librería de la vuelta de la esquina. Allí miraba los mapas del mundo y los retratos de lugares lejanos. A diferencia de sus hermanos, Misha no quería ser sastre y trabajar con su padre. Él soñaba con viajar por todas partes y encontrar su propio destino.

225

Una mañana, el sastre llamó a sus tres hijos.

—Llegó el momento —dijo—, de que cada uno demuestre que puede hacer el trabajo de un sastre.

—Nuestro mejor cliente, el Archiduque, hará un viaje importante en sólo tres días. Para este viaje pidió tres capas nuevas para él y tres vestidos para su esposa. Yo puedo hacer los vestidos, pero para terminar el trabajo a tiempo, cada uno de ustedes debe hacer una capa.

Los jóvenes se alegraron de poder ayudar a su padre y escucharon atentamente sus instrucciones.

—Ante todo —explicó el sastre—, el Archiduque quiere que sus capas sean muy coloridas. Cada rollo de tela que tenemos es de un solo color, así que deben cortar pedazos de tela de diferentes rollos y hacer una sola pieza de un colorido singular, con un diseño propio. Por supuesto, la capa que diseñen con esa tela también tiene que proteger al Archiduque del viento y de la lluvia. Trabajen por separado para que cada capa sea diferente.

Los jóvenes se pusieron manos a la obra inmediatamente.

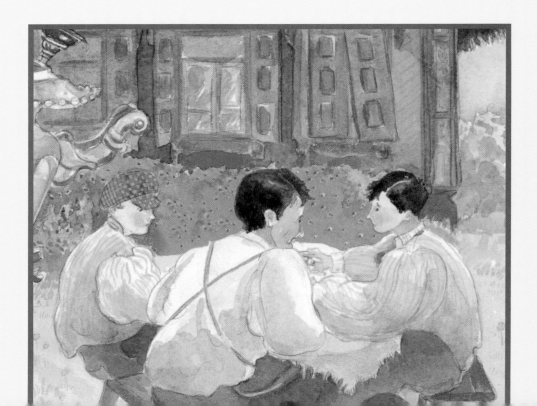

Iván estudió primero los rollos de tela. Había
visto a su padre usarlos en un momento u otro,
así que recortó un rectángulo de cada uno.
Después, usando el patrón de los ladrillos del
piso, cosió cuidadosamente los rectángulos. Con
esta bella pieza de tela de muchos colores, hizo
una capa para el Archiduque. En la mañana del
tercer día, Iván estaba listo para presentar la
capa a su padre.

Mientras tanto, Alex había pensado en los colores del carruaje del Archiduque y en el escudo de armas que estaba pintado en el costado. Sacó los rollos de tela roja, amarilla y morada. Después recortó muchos cuadrados de cada rollo. Hábilmente unió los cuadrados para hacer una hermosa tela con los colores del Archiduque, y después convirtió la tela en una capa resistente. Gracias a sus prácticas de costura, Alex trabajó lo bastante rápido como para terminar la capa en la mañana del segundo día.

Como le quedaba un día libre, Alex tuvo tiempo para preocuparse. "Quizás mi capa no sea tan interesante" pensó. "Tal vez el Archiduque quiera algo más". Pensó otra vez en el escudo de armas del Archiduque y en el diseño que tenía de fondo, y volvió al trabajo.

Alex recortó más cuadrados rojos, amarillos y morados, pero esta vez los recortó en dos, diagonalmente. Cosió los triángulos para crear el diseño del escudo de armas del Archiduque y con esta nueva tela hizo otra capa. Alex cosió aún más rápido que la primera vez y la segunda capa estuvo lista en la mañana del tercer día.

Entretanto, Misha también trabajaba. Pensaba en viajar por el mundo a la vez que recortaba círculos de los rollos de tela. Escogía los colores de los mapas que le gustaban: el azul de los océanos profundos y los ríos sinuosos, el verde de las praderas del campo, el amarillo de las arenas del desierto, y el rojo de los caminos de lugares lejanos.

Misha cosió los círculos, uniéndolos con cuidado e hizo una tela hermosa. Pero cuando la puso a la luz, vio que abundaban los espacios vacíos. Sabía que su tela no haría una buena capa, pero no tenía tiempo para comenzar de nuevo. Aunque le preocupaba que su capa pudiera decepcionar a su padre, Misha la terminó a tiempo.

En la mañana del tercer día, cuando el sastre dio la última puntada al tercer vestido para la esposa del Archiduque, llamó a sus hijos para que presentaran sus capas.

Iván mostró con orgullo la capa con rectángulos de muchos colores.

—Hiciste una capa hermosa, Iván —dijo el sastre—. Me enorgullecerá presentársela al Archiduque. De ahora en adelante serás sastre y trabajarás junto a tu padre.

Feliz por su hermano, pero todavía inseguro por su trabajo, Alex mostró sus dos capas a su padre.

—¡Pero Alex! —dijo el sastre—. ¡Hiciste *dos* capas maravillosas! ¡Qué considerado de tu parte usar los colores predilectos del Archiduque! Estará encantado de usarlas, estoy seguro. Y las puntadas rápidas y uniformes me demuestran que tú también estás listo para ser sastre y trabajar junto a tu padre.

—Ahora, Misha —dijo, volteándose hacia el menor de sus hijos—, déjame ver la capa que hiciste.

—Temo que no la hice bien, padre —dijo Misha. Mostró su capa de círculos y espacios abiertos.

El sastre miró la capa de su hijo y durante largo rato no dijo nada. Estaba pensando en lo que le había dicho su amigo, el librero. Finalmente habló.

—La capa es hermosa, Misha —dijo el sastre—. Los colores me recuerdan a los océanos profundos y los ríos sinuosos, las verdes praderas, los dorados desiertos y los largos caminos entre lugares lejanos. Pero lo cierto es que esta capa no protege ni del viento ni de la lluvia. No podemos vendérsela al Archiduque. Sin embargo —agregó—, no nos traerá ningún problema. Iván y Alex hicieron las tres capas que necesitamos.

Entonces, el sastre le sonrió a su hijo menor.
—Tal vez no naciste para ser sastre —dijo—. Pero ya sabías eso, ¿verdad?

—Sí, padre —respondió Misha.

—En todos los círculos de esta capa veo tus sueños de recorrer el mundo —continuó el sastre—. ¿Crees que llegó el momento de cruzar esos océanos y ríos, praderas y desiertos, y andar por esos caminos hacia lugares lejanos?

—Sí, padre —contestó Misha.

—Entonces, lleva estas capas y vestidos al Archiduque, y regresa para emprender tu propio viaje. Mañana tus hermanos y yo te enviaremos a recorrer el mundo.

Esa noche, el sastre se sentó en su pequeña sastrería, mirando con tristeza la capa hermosa, pero inútil del hijo menor. Aunque sabía que Misha debía marcharse de casa, le dolía verlo partir. Sabía además que Iván y Alex se sentían tan mal como él.

"Si al menos pudiéramos darle a Misha algo para protegerlo mientras busca su destino" pensó el sastre. Se sentó cerca de la chimenea un rato más y entonces tuvo una idea.

El sastre subió corriendo las escaleras y despertó a Iván y a Alex sin hacer ruido.

—Ya sé qué podemos darle a Misha para llevar en su viaje por el mundo —susurró el sastre—. Podemos hacerle una capa nueva con su propia capa de círculos. De ese modo tendrá todos los colores de sus sueños, pero la capa estará cosida a la manera práctica en que hacen las cosas los sastres, y lo protegerá del viento y de la lluvia.

—Pero, ¿cómo, padre? —preguntó Iván—. Los círculos no encajan entre sí.

—Lo sé, hijo mío —dijo el sastre. Hizo que sus hijos lo siguieran bajando las escaleras hacia la sastrería. Allí les explicó cómo se podía hacer.

233

El sastre y sus dos hijos mayores trabajaron toda la noche en la capa de Misha. Iván descosió los círculos y su padre los recortó en forma de hexágonos. Mientras su padre cortaba, Alex unía rápidamente los hexágonos para hacer una tela con los colores del soñador. Cuando terminaron la tela, los tres sastres habían creado una capa hermosa y resistente. Dieron la última puntada al amanecer del día en que Misha se iría de casa.

Más tarde, esa misma mañana, el sastre y su hijos Iván y Alex despidieron a Misha con besos y abrazos en la puerta de la pequeña sastrería. Luego, juntos lo vieron partir para recorrer el mundo, mientras su hermosa capa se hacía cada vez más pequeña a la distancia.

Una CAPA para el SOÑADOR

Conoce a la autora

Aileen Friedman se parece mucho al personaje de Misha de "Una capa para el soñador" porque ella también planea viajar a lugares distantes. Le gusta escribir cuentos sobre la importancia de ser independiente. El consejo que da ella a los estudiantes es que aparten un tiempo para escuchar con tranquilidad las historias que todos llevamos en la cabeza. Ella nos dice: *"Piensen por qué suceden las cosas, por qué hace la gente ciertas cosas, por qué las cosas son como son. Estos pensamientos les darán ideas para sus historias"*. Aileen Friedman nació en Maryland y ahora vive en California. Después de graduarse con honores de una universidad en Nueva York, enseñó tercer grado antes de comenzar su carrera como escritora.

Conoce a la ilustradora

Kim Howard es hija de un matemático. Después de trabajar como mesera, modelo, actriz y diseñadora de telas, decidió ser ilustradora. Se mudó de Sacramento, California, a Ketchum, Idaho. Asistió a la Universidad de California en Berkeley, donde estudió teatro y pintura.

Relación con el tema

En la selección

Libreta del escritor

Anota tus respuestas en la sección de Respuestas de tu Libreta del escritor. Luego, compártelas en un grupo pequeño. Comenten sus ideas y elijan a un compañero para que presente las respuestas ante la clase.

- ¿Cómo usó Misha su imaginación para hacer la capa del Archiduque? ¿Por qué no servía la capa?
- El padre de Misha comprendía que su hijo soñaba con recorrer el mundo. ¿Cómo usó su propia creatividad para transformar la capa inútil en una que sirviera?

A través de las selecciones

- ¿En qué otros cuentos que hayas leído se muestra la imaginación?
- Compara a Misha con el abuelo de "Por los ojos de Abuelo".

Más allá de la selección

- Piensa en lo que "Una capa para el soñador" te enseña sobre la imaginación.
- Añade al Tablero de conceptos y preguntas tus observaciones sobre la imaginación.

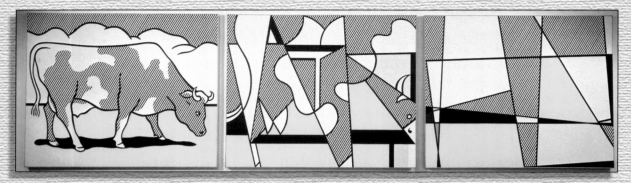

Tríptico con vacas. 1974. **Roy Lichtenstein.** Óleo en lienzo, 3 paneles, cada uno de 68 × 62 pulg. ©Roy Lichtenstein/con permiso de VAGA, Nueva York, NY.

Aparecida. s. XX. **Carolina Larrea.** Santiago, Chile.

238

El escritorio. 1° de julio de 1984. **David Hockney.** Collage fotográfico. $48\frac{1}{2} \times 46\frac{1}{2}$ pulg. Colección del artista. ©David Hockney.

Baird Trogon. 1985. **Robert Lostutter.** Acuarela en grafito. 61.5×88 cm. Instituto de Arte de Chicago.

Picasso

del libro de Mike Venezia

Pablo Picasso fue uno de los más grandes artistas del siglo XX. Nació en Málaga, España, en 1881 y murió en Francia en 1973.

El padre de Picasso fue maestro de arte en la escuela local. Él animó a su hijo a pintar y dibujar. Quería que algún día Picasso llegara a ser un gran artista.

En el transcurso de su vida, el estilo de pintura de Picasso cambió más que el de cualquier otro gran artista. Siempre estaba ensayando cosas nuevas y diferentes.

Pintó el cuadro de la derecha cuando sólo tenía 15 años de edad.

Retrato de la madre del artista (María Picasso López). 1896. Pablo Picasso.

Óleo en lienzo. Museo Picasso, Barcelona ©2001 Legado de Pablo Picasso/Artists Rights Society (ARS). Nueva York.

Retrato de Dora Maar. 1937. Pablo Picasso.

Óleo en lienzo. Musée Picasso, París. ©2001 Legado de Pablo Picasso/Artists Rights Society (ARS). Nueva York.

Picasso pintó este retrato cuando tenía 56 años.

Hay una gran diferencia entre las dos pinturas, ¿verdad?

Cuando Picasso tenía diecinueve años, salió de España y se fue a París, Francia. Algunos de los primeros cuadros que pintó allí eran un tanto parecidos a la obra de otros artistas famosos.

La pintura de abajo le recordaba a muchos la obra de Toulouse-Lautrec. Otros de sus primeros cuadros le recordaban a la gente a las obras de Van Gogh, Gauguin y Monet.

Le Moulin de la Galette. Otoño de 1900. Pablo Picasso.

Óleo en lienzo. Museo Solomon R. Guggenheim. ©2001 Legado de Pablo Picasso/Artists Rights Society (ARS). Nueva York.

El período azul

Entonces sucedió algo. La pintura de Picasso cambió. Su estilo se volvió diferente al de cualquier otro artista.

Su mejor amigo había muerto, y Picasso se sentía solo y triste. Al mismo tiempo, sus cuadros no se vendían y él estaba casi muriéndose de hambre.

Debido a su estado de ánimo, Picasso empezó a pintar con mucho azul (el azul puede ser un color muy triste). Toda la gente en sus pinturas parecía solitaria y triste.

Algunos pensaron que las pinturas melancólicas de Picasso eran geniales. Otros, incluyendo al padre de Picasso, opinaban que eran demasiado raras. Esto quería decir que sus pinturas eran algo controvertidas.

El viejo guitarrista. 1903. Pablo Picasso.

Óleo en tabla. 122.9 × 82.6 cm. Instituto de Arte de Chicago. ©2001 Legado de Pablo Picasso/Artists Rights Society (ARS). Nueva York.

El período rosa

El período melancólico de Picasso terminó cuando conoció a una joven llamada Fernanda. Fernanda y Picasso se enamoraron y pronto empezó a aparecer un color más alegre en las pinturas de Picasso. Ése fue el comienzo del período rosa.

No solamente usó colores más alegres en el período rosa, sino que también comenzó a pintar cosas más alegres. Durante esa época Picasso pintó a mucha gente de circo. A menudo los pintaba con sus animales.

Sin embargo, el período rosa no duró mucho tiempo, ya que Picasso encontró una nueva técnica de pintura, realmente emocionante y distinta.

Familia de saltimbanquis. 1905. Pablo Picasso.

Retrato de D. H. Kahnweiler. 1910. Pablo Picasso.

Óleo en lienzo. 100.6 × 72.8 cm. Instituto de Arte de Chicago. ©2001 Legado de Pablo Picasso/Artists Rights Society (ARS). Nueva York.

Mujer llorando. 1937. Pablo Picasso.

Óleo en lienzo. Galería Tate, Londres. ©2001 Legado de Pablo Picasso/Artists Rights Society (ARS). Nueva York.

El cubismo

El cubismo fue el siguiente estilo de pintura que Picasso desarrolló e hizo famoso. La obra de la izquierda es una pintura cubista de Picasso que representa a uno de sus amigos. El hombre del cuadro parece estar dividido en pequeños cubos. De ahí nace el nombre de cubismo.

Míralo con cuidado. ¿Ves la cara de este hombre, lo que lleva puesto, sus manos, una botella, un vaso y tal vez su gato? ¿Puedes encontrar algo más?

El cubismo es uno de los períodos más importantes de la historia del arte moderno.

Durante cientos de años, los artistas se esforzaron por pintar las cosas para que parecieran reales. Entonces, apareció Picasso y empezó a pintar gente y cosas que no se parecían para nada a la manera en que se supone que debían parecer.

Picasso siempre había asombrado a la gente, pero cuando empezó a pintar gente con ojos y narices donde no iban… bueno, hasta algunos de sus mejores amigos pensaron que esta vez se había pasado de la raya.

Picasso siguió trabajando con el cubismo y le hizo cambios con el paso de los años. Lo hizo más colorido y plano. También se hizo más fácil de ver lo que había pintado.

En la pintura de abajo, *Tres músicos*, puedes ver a los tres músicos y sabes qué instrumentos tocan.

Tres músicos. Fontainbleau. Verano de 1921. Pablo Picasso.

Óleo en lienzo. 6'7" × 7'3 $\frac{3}{4}$". Museo de Arte Moderno, Nueva York. ©2001 Legado de Pablo Picasso/Artists Rights Society (ARS). Nueva York.

En otro estilo que usó por un tiempo, Picasso pintó gente que parecía otra vez más real. Picasso acababa de visitar Roma, una ciudad llena de estatuas y monumentos. Cuando regresó de su viaje hizo una serie de pinturas en las que la gente parecía cincelada en piedra, como las estatuas.

Muchas de las pinturas de Picasso parecen raras por los lugares en que coloca los ojos, las narices y los mentones. Lo asombroso de estas pinturas es el gran parecido que tienen con la persona real.

No quiero ni pensar cómo ni habría salido si yo no hubiera sido su mejor amigo.

Retrato de Jaime Sabartés de hidalgo. 1939.
Pablo Picasso.

Óleo en lienzo. Museo Picasso, Barcelona. ©2001 Legado de Pablo
Picasso/Artists Rights Society (ARS). Nueva York.

Jaime Sabartés, pintado por Steve
Dobson, de una fotografía de
Gilberte Brassai.

Observa la pintura del mejor amigo de Picasso, Jaime
Sabartés. ¿Se parece al hombre que se ve en el cuadro
más pequeño de la derecha?

Lo que convirtió a Picasso en un gran artista, fue su
originalidad. Tuvo la imaginación para intentar cosas
nuevas y diferentes durante toda su vida.

Picasso vivió hasta los noventa y dos años. Fue un gran pintor, pero también fue notable en otras cosas.

Hizo esculturas, grabados, dibujos, hermosos platos y vasijas decoradas. Incluso hizo vestuario y escenografías para el teatro.

Es muy entretenido ver las verdaderas pinturas de Picasso. Te sorprendería el gran tamaño de algunas de ellas. Busca sus pinturas en el museo de arte de tu ciudad.

Casi todas las pinturas de esta biografía provienen de los museos citados abajo. Si ninguno de estos museos queda cerca de donde vives, quizás puedas visitar uno de ellos cuando vayas de vacaciones.

- ◆ Museo de Arte Moderno, Nueva York, Nueva York
- ◆ Museo Solomon R. Guggenheim, Nueva York, Nueva York
- ◆ Instituto de Arte, Chicago , Illinois
- ◆ Galería Nacional de Arte, Washington, D.C.
- ◆ Museo Picasso, Barcelona, España
- ◆ Musée Picasso, París, Francia

Simia y su cría. 1952. Pablo Picasso.

Bronce. Musée Picasso, París. ©2001 Legado de Pablo Picasso/Artists Rights Society (ARS). Nueva York.

Retrato de la Tía Pepa. c. 1895–96. Pablo Picasso.

Óleo en lienzo. Museo Picasso, Barcelona. ©2001 Legado de Pablo Picasso/Artists Rights Society (ARS). Nueva York.

Picasso

Conoce al autor

Mike Venezia estudió arte en la escuela del Instituto de Arte de Chicago. Piensa que la mejor manera de enseñar a los niños acerca del arte y los artistas es por medio del entretenimiento. *"Si los niños pueden ver el arte de una manera divertida y se dan cuenta de que los artistas son personas reales, se abrirá para ellos el mundo del arte por el resto de sus vidas"*.

Relación con el tema

En la selección

Anota tus respuestas en la sección de Respuestas de tu Libreta del escritor. Luego, compártelas en un grupo pequeño. Comenten sus ideas y elijan a un compañero para que presente las respuestas ante la clase.

- El arte de Picasso cambió mucho a través del tiempo. ¿Qué te dice eso acerca de su imaginación?
- ¿Cómo usó Picasso el cubismo para mostrar su imaginación?

A través de las selecciones

- ¿Has leído otra selección donde se muestre la imaginación a través de las formas y los colores?
- Compara la forma en que Picasso usaba su imaginación con la manera en que la usaba el gato de "El gato que se volvió poeta".

Más allá de la selección

- ¿Has experimentado alguna vez con diferentes estilos de pintura o de dibujo? ¿Qué estilo te gustó más?
- Piensa en lo que "Picasso" te enseña sobre la imaginación.
- Añade al Tablero de conceptos y preguntas tus observaciones sobre la imaginación.

Preguntas de enfoque ¿Alguna vez has querido algo tanto, que de verdad creíste que existía aunque no fuera verdad? Explícalo. ¿Cómo puedes usar tu imaginación como ayuda para alcanzar una meta?

El traje nuevo del emperador

Hans Christian Andersen
adaptado e ilustrado por
Nadine Bernard Westcott

Había una vez un emperador muy aficionado a la ropa nueva. Mientras que otros reyes preferían hacer desfiles con sus soldados o ir al teatro por las noches, no había nada que le gustara más a este emperador que estrenar ropa, la cual sus sirvientes le traían en grandes cantidades, mañana, tarde y noche.

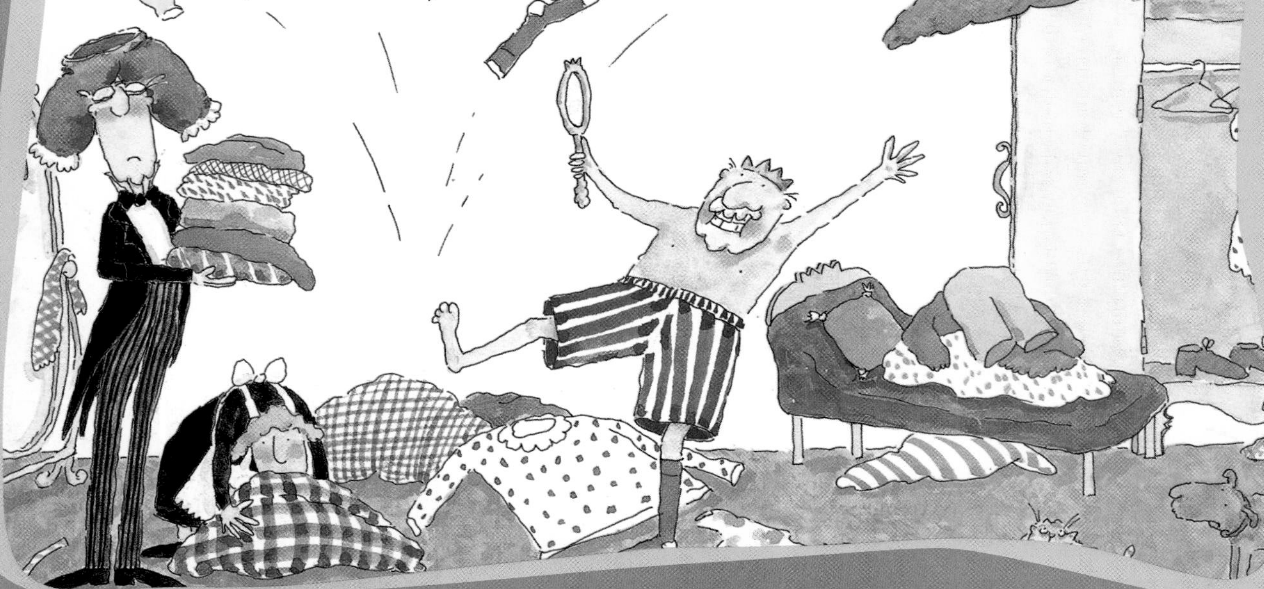

Otros sirvientes se afanaban sin cesar por mantener el vasto vestuario del emperador limpio y planchado. Siempre tenían a mano a los sabios más importantes del reino para que le aconsejaran qué ropa debía ponerse. Cualquier prenda de vestir que pudiera desear el emperador debía estar lista en un abrir y cerrar de ojos.

El emperador tenía atuendos diferentes para cada hora del día y ropa para cada día de la semana.

No importaba si la ocasión era grandiosa o insignificante, él quería usar la ropa indicada para que sus súbditos lo vieran como un gobernante hábil y sabio.

Pero sus atuendos nunca parecían adecuados.

Y su ropa aparecía de repente en los lugares más inconvenientes.

Ni siquiera su esposa ni sus ministros de mayor confianza podían convencerlo de que no se preocupara tanto por su vestimenta real.

Un día, llegaron al castillo dos estafadores fingiendo ser tejedores.

—¡Podemos hacer la tela más hermosa del mundo! —le dijo el primero al emperador—. Y lo que es más, la ropa confeccionada con nuestras telas es invisible para cualquiera que sea demasiado tonto o inepto para el puesto que ocupa.

—Por supuesto, no cualquiera puede vestir con tanta elegancia —agregó el segundo—. Pero, obviamente, ésta es la ropa perfecta para un gobernante sabio como usted.

El emperador pensó que gobernaría a su pueblo con gran sabiduría si tuviera un traje así. —Pues, no sólo me vería grandioso con esa ropa, sino que también podría detectar a cualquier ministro inepto. Podría distinguir entre una persona inteligente y una tonta. ¡Tienen que hacerme esa tela ahora mismo!

Los tejedores instalaron sus telares y trabajaron esa noche hasta muy tarde.

Nadie tenía permiso de ver su trabajo, hasta que… el emperador envió a su ministro más sabio y de más confianza para ver qué habían hecho.

Los tejedores le rogaron al ministro que se acercara. Nombraron todos los colores y describieron el patrón en gran detalle. El ministro puso mucha atención a todo lo que decían, ya que, incapaz de creer lo que sus ojos veían, quería repetírselo exactamente al emperador.

El ministro regresó de prisa y describió el nuevo vestuario al emperador exactamente como se lo habían descrito a él.

—¡Pues, debes usar esa ropa mañana en la procesión real! —exclamó la esposa del emperador—. Es la ocasión perfecta para demostrar a todos tus súbditos que eres un gobernante sabio y magnífico.

A la siguiente mañana, los sastres anunciaron por fin: —¡La ropa está terminada! —Trajeron la túnica real y vistieron con ella al emperador, fijándose bien que no le colgaran hilos sueltos y que le ajustara a la perfección. El emperador apenas podía creer lo que veía, pero se quedó mudo como un ratoncito, por miedo a que sus súbditos pensaran que era un tonto.

Los súbditos vinieron de todos los rincones del reino para ver la magnífica ropa nueva.

Cuando el emperador encabezó la procesión real, la multitud se quedó en silencio. *"¡Mi ropa nueva debe ser tan impresionante, que nadie encuentra las palabras exactas para elogiarla!"*, pensó el emperador. Levantó la cabeza y marchó orgulloso hasta que… se escuchó claramente la voz de un niñito que dijo: —¡Pero si no está vestido!

—¡No está vestido! —repitieron todos, cada uno sintiéndose tonto en secreto por no haberlo dicho antes.

¿Qué podría hacer el emperador ahora?

Sin ninguno de sus atuendos reales que lo hicieran parecer inteligente o valiente, el emperador se dio cuenta de que, ahora más que nunca era importante actuar como un rey. Levantó aún más la cabeza, viéndose incluso más alto, y continuó la procesión. Nunca se había sentido tan tonto… pero nunca había actuado tan sabiamente.

Al ver el extraordinario valor de su gobernante, la multitud empezó a vitorear más fuerte que nunca.

—¡Viva el rey!

El traje nuevo del emperador

Conoce al autor

Hans Christian Andersen nació en el seno de una familia pobre de Odense, Dinamarca, en 1805. Su padre era zapatero, y a menudo le leía cuentos y lo llevaba al teatro. Cuando no tenía suficiente dinero para ir al teatro, Andersen leía el programa y se imaginaba cómo eran la obra y los personajes. Durante su vida escribió más de 150 cuentos de hadas, además de poemas, obras de teatro, novelas y libros de viajes. Andersen escribió sobre muchos temas, escribiendo algunas veces sobre lo que sentía. Cuando iba a la escuela, se entristecía porque otros niños se burlaban de su larga nariz. Más tarde escribió "El patito feo", recordando esos sentimientos. Hans Christian Andersen es conocido por haber escrito con sabiduría y buen humor sobre la bondad de la gente y los objetos comunes y corrientes.

Conoce a la autora e ilustradora

Cuando era niña, **Nadine Bernard Westcott** obtuvo el segundo lugar en un concurso auspiciado por una marca de cereales. Durante toda su infancia garabateó en la parte de atrás de los individuales de las mesas y en las servilletas de papel. Durante gran parte de su carrera ha sido ilustradora de tarjetas de saludo. Durante esta época, comenzó a ilustrar y a adaptar libros para niños. La meta principal de sus libros infantiles es hacer que los niños se identifiquen con los personajes y se rían.

Relación con el tema

En la selección

Anota tus respuestas en la sección de Respuestas de tu Libreta del escritor. Luego, compártelas en un grupo pequeño. Comenten sus ideas y elijan a un compañero para que presente las respuestas ante la clase.

- ¿Por qué querían los estafadores que el emperador y sus ministros de confianza usaran la imaginación?
- ¿Por qué fue necesario que un niño le mostrara a la multitud que el emperador no usaba ropa?

A través de las selecciones

- ¿En qué se diferencia este cuento de otros cuentos que has leído?

Más allá de la selección

- ¿Recuerdas alguna ocasión en que tuvieras que fingir para no sentirte tonto? ¿Qué pasó?
- Piensa en lo que "El traje nuevo del emperador" te enseña sobre la imaginación.
- Añade al Tablero de conceptos y preguntas tus observaciones sobre la imaginación.

Preguntas de enfoque ¿Te has imaginado alguna vez que el campo de juegos, tu patio o tu habitación era un lugar diferente? ¿Qué lugar te imaginaste que era? ¿Qué haces en tus mundos imaginarios?

Roxaboxen

escrito por Alice McLerran
ilustrado por Barbara Cooney

Mariana lo llamaba Roxaboxen. (Ella siempre sabía el nombre de todas las casas.) Allí, al otro lado de la calle, parecía cualquier monte rocoso, (nada más que arena y rocas, algunas cajas viejas de madera, cactos, creosota y ocotillo espinoso), pero era un lugar especial.

La calle entre Roxaboxen y las casas se curvaba como un río, así que Mariana la llamó el río Rhode. A partir de entonces era necesario vadear un río para llegar a Roxaboxen.

Por supuesto, vinieron todas las hermanas de Mariana: Ana May, Francisca y la pequeña Juana. También llegó Charles, de la casa vecina, aunque sólo tenía doce años.

¡Ah!, y Eleanor, naturalmente, y Jaime con su hermano Pablo. Después vinieron otros, pero éstos fueron los primeros.

Bueno, no realmente los primeros. Roxaboxen siempre estuvo allí y hace mucho tiempo le debió pertenecer a alguien más.

Cuando Mariana desenterró una lata llena de piedras negras y redondas, todos sabían lo que era: un tesoro enterrado. Esas piedras eran el dinero de Roxaboxen.

Todavía se podía encontrar más piedras de esas si se buscaba bien. Así que, algunos días se convirtieron en días de buscar tesoros y todo el mundo trataba de encontrar ese tipo especial de piedra. Y luego, otros días, se podía encontrar una sin siquiera buscarla.

El pueblo de Roxaboxen comenzó a crecer, trazado con hileras de piedras: primero la calle principal, flanqueada por las piedras más blancas, y luego las casas. Charles hizo la suya con las piedras más grandes. Después de todo, él era el mayor. Al principio las casas eran muy sencillas, pero pronto, todos comenzaron a agregar más cuartos. Las viejas cajas de madera podían ser repisas, mesas o lo que tú quisieras. Podías encontrar pedazos de cerámica para platos. Los pedazos redondos eran los mejores.

Más tarde hubo un ayuntamiento. Mariana era la alcaldesa, por supuesto; ella simplemente era así. A nadie le importaba.

Poco después, añadieron otras calles. Francisca se mudó a una de ellas y construyó por su cuenta una casa nueva delineada con vidrio del desierto, pedacitos de ámbar, amatista y verdemar: una casa de joyas.

Y como todos tenían mucho dinero, había muchas tiendas. Juana ayudaba a Ana May en la pastelería: había tortas, pasteles y pan cocinándose al sol. Había dos heladerías. ¿Cuál era el mejor helado? ¿El de Pablo o el de Eleanor? Todos probaban los dos. (En Roxaboxen podías comer todo el helado que quisieras.)

263

Todo el mundo tenía autos. Sólo necesitabas algo redondo para que fuera el volante. Claro que si sobrepasabas el límite de velocidad tenías que ir a la cárcel. La cárcel tenía cactos en el piso para hacerla incómoda, y Jaime era el policía. Ana May, la tranquila y pequeña Ana May, siempre iba a exceso de velocidad, se diría que le gustaba ir a la cárcel.

Pero, bueno, si tenías un caballo, podías ir tan rápido como el viento. No había límites de velocidad para los caballos y no tenías que quedarte en las calles.

Para tener un caballo sólo necesitabas un palo y alguna clase de rienda, y podías galopar por todas partes.

A veces había guerras. Una vez hubo una gran guerra, niñas contra niños. Charles y Mariana eran los generales. Las niñas tenían el Fuerte Irene, y todas eran niñas exploradoras. Los niños hicieron un fuerte al otro extremo de Roxaboxen, y todos eran bandidos.

¡Ay, los ataques eran terribles y ruidosos, con exclamaciones y estampidas de caballos! Las blandientes espadas de ocotillo tenían espinas puntiagudas, pero cuando llegabas a tu cuartel estabas a salvo.

Roxaboxen tenía un cementerio, por si alguien se moría, pero la única tumba era la de una lagartija muerta. Cada año, cuando florecían los cactos, decoraban la tumba con flores.

A veces, en el invierno, cuando todos estaban en la escuela y el clima no era bueno, durante muchas semanas nadie iba a Roxaboxen. Pero no importaba. Roxaboxen siempre estaba esperando. Roxaboxen siempre estaba allí. Y llegaba la primavera, y el ocotillo florecía, y todo el mundo chupaba la miel de sus flores y todo el mundo hacía nuevos cuartos, y todo el mundo decidía tener ventanas de joyas. Ese verano hubo tres casas nuevas en la pendiente del este y dos tiendas nuevas en la calle principal.

Así era. Las estaciones cambiaban y los años pasaban. Roxaboxen siempre estaba allí.

266

Pasaron los años y las estaciones cambiaron, hasta que por fin todos los amigos crecieron y uno por uno se mudaron a otras casas, a otras ciudades. Así que podrías pensar que ése fue el fin de Roxaboxen, pero no.

Nadie olvidó jamás a Roxaboxen. Ninguno lo olvidó jamás. Años después, los hijos de Mariana escuchaban cuentos sobre ese lugar y se quedaban dormidos, soñando con Roxaboxen. Charles, ya de cabello canoso, recogía una piedra negra en la playa y se quedaba sosteniéndola, recordando a Roxaboxen.

Más de cincuenta años después, Francisca regresó y Roxaboxen aún estaba allí. Pudo ver las piedras blancas que flanqueaban la calle principal y, en donde había construido su casa; el "cristal del desierto" aún brillaba, ámbar, amatista y verdemar.

Roxaboxen

Conoce a la autora

Alice McLerran ha tenido muchos empleos y asistió a las mejores universidades de Estados Unidos. Se crió en una familia de militares y dice que *"Durante toda mi niñez cambiábamos de hogar casi cada año, de Hawai a Alemania, de Nueva York a Ecuador"*. Además de escribir ha trabajado en la Cordillera de los Andes como antropóloga y también ha sido maestra.

Conoce a la ilustradora

Barbara Cooney nació en Nueva York en un hotel que fue construido por su abuelo. Su bisabuelo y su madre también eran artistas pero la única lección de arte que Barbara recibió de su madre fue cómo limpiar los pinceles.

Con frecuencia se basa en personas e imágenes de su propia vida cuando ilustra libros. Ganó el Premio Caldecott por *Chanticleer y el zorro* y también por *El hombre de la carreta de bueyes*. Barbara Cooney crea arte que tanto ella como los demás puedan disfrutar, y para hacer del mundo un lugar más hermoso.

Relación con el tema

En la selección

Anota tus respuestas en la sección de Respuestas de tu Libreta del escritor. Luego, compártelas en un grupo pequeño. Comenten sus ideas y elijan a un compañero para que presente las respuestas ante la clase.

- ¿Qué es Roxaboxen?
- ¿Cómo usaban los niños la imaginación en Roxaboxen?

A través de las selecciones

- ¿Qué otros cuentos has leído donde se muestre la imaginación?
- ¿En qué se parecen este cuento y el de "La casa del árbol"? ¿Qué tiene que ver la imaginación con los dos cuentos?

Más allá de la selección

- Describe un juego que te hayas inventado. ¿Qué era lo mejor de ese juego?
- Piensa en lo que "Roxaboxen" te enseña sobre la imaginación.
- Añade al Tablero de conceptos y preguntas tus observaciones sobre imaginación.

Caballo de palo

escrito por Oscar de León Palacios
ilustrado por Barbara McGlynn

Un caballo de palo
me fabriqué,
con una escoba vieja
que me encontré.

Sobre él todo el día
corro feliz
y no tengo que darle
sal ni maíz.

272

Glosario

A

acostumbrar *v.* Adquirir costumbre, adaptarse.

acuático *adj.* Del agua.

afanar *v.* Trabajar o hacer diligencias con afán.

aficionados *m. pl.* Grupo de personas que tienen afición o gusto por una cosa.

airoso *adj.* Triunfante, victorioso.

albergar *v.* Dar refugio, dar hogar.

alcantarillas *f. pl.* Conducto subterráneo para recoger el agua de la lluvia.

alcanzar *v.* Llegar hasta cierto punto.

alejar *v.* Poner o llevar una cosa lejos o más lejos de donde estaba.

algodón *m.* Borra larga y blanca de origen vegetal.

alzado *adj.* Colocado en una posición alta.

amatista *f.* Variedad de cuarzo cristalizado, de color malva, que se usa en joyería.

ámbar *m.* Resina fósil de las orillas del mar Báltico, traslúcida y de color amarillo más o menos limpio.

amistoso *adj.* Que demuestra amistad.

amonestar *v.* Advertir a una persona que ha hecho algo reprensible.

anidar *v.* Hacer un nido las aves y otros animales.

animadamente *adv.* Vivaz, con ánimo.

animar *v.* Alentar; dar ánimo a una persona para una acción determinada.

ansioso *adj.* Que tiene ansia, aflicción, inquietud.

apático *adj.* Que tiene apatía, falta de ganas.

archiduque *m.* Título de nobleza superior al de duque.

arrendajo *m.* Pájaro que imita las voces de otras aves.

arrullar *v.* Cantar para hacer dormir a los niños pequeños.

asentir *v.* Admitir, aceptar.

asombrado *adj.* Con admiración, impresionado.

áspero *adj.* De superficie desigual.

atraco *m.* Robo.

atril *m.* Soporte en donde se colocan las partituras para poder leerlas con comodidad.

atuendos *m. pl.* Conjunto de vestidos y adornos que se llevan puestos.

aventar *v.* Arrojar, empujar.

ayuntamiento *m.* Edificio en que tiene sus oficinas la administración de un municipio, el alcalde y los concejales.

B

bigote *m.* Pelos debajo de la nariz que cubren el labio superior.

biólogo *m.* Persona que se dedica al estudio de la biología.

bisagras *f. pl.* Conjunto de dos planchitas de metal articuladas entre sí que permite el movimiento de puertas y ventanas.

bostezar *v.* Abrir la boca por cansancio, sueño o aburrimiento.

brincar *v.* Dar saltos.

burla *f.* Chanza, broma.

C

cabecera *f.* Lado de la cama donde se colocan las almohadas.

cachorra *f.* Cría hembra de perro, león, lobo, oso , etc.

calatrabazas *interj.* Interjección que en el contexto del cuento significa ¡caramba!

campeón *m.* Defensor, paladín.

canal *m.* Cauce excavado en el terreno para conducir agua u otra cosa.

cariñoso *adj.* Afectuoso.

carrilera *f.* Vía corta, separada de la principal, en donde se dejan vagones, máquinas, etc.

carruaje *m.* Vehículo formado por una plataforma sobre ruedas. Particularmente, vehículo de lujo para personas de gran importancia.

cebollín *m.* Planta semejante a la cebolla, de la que se come también parte del tallo.

ceñudo *adj.* Con ceño, gesto de disgusto hecho arrugando la frente.

cesar *v.* Interrumpir, dejar de producirse cierta acción.

cincel *m.* Herramienta de boca de acero, recta y de doble bisel, que se emplea para labrar piedras y metales.

clavija *f.* Pieza en los instrumentos de música que sirve para atirantar las cuerdas.

cobija *f.* Manta.

comarca *f.* Región.

compasión *f.* Sentimiento de pena provocado por el padecimiento de otros, e impulso de aliviarlo, remediarlo o evitarlo.

común y corriente *adj.* Dentro de lo normal, ordinario.

confección *f.* Se aplica corrientemente a la hechura de los vestidos, sombreros y calzado.

contaminación *f.* Transmisión de sustancias capaces de envenenar o de perjudicar la salud.

cosecha *f.* Conjunto de frutos o de cierto fruto que están en el campo y se recogen al llegar la época de hacerlo.

credo *m.* Religión o creencia.

creosota *f.* Arbusto desértico de flores amarillas y olor fuerte, que crece en grandes colonias.

cubismo *m.* Movimiento artístico, una de las facetas del modernismo, que afecta a las artes plásticas, en que las figuras están realizadas por la combinación de figuras geométricas.

cuestionar *v.* Poner en tela de juicio.

chirriar *v.* Producir cierto sonido discordante.

chocolate *m.* Pasta de cacao y azúcar color café.

D

década *f.* Espacio de diez años.

decepcionar *v.* Defraudar. Causar a alguien una desilusión.

delinear *v.* Trazar las líneas de un dibujo; particularmente, de un plano o proyecto.

desafiar *v.* Desobedecer.

desesperadamente *adv.* Sin esperanza alguna.

desvelar *v.* Impedir o quitar el sueño.

detener *v.* Impedir que algo o alguien siga avanzando, moviéndose o ejecutando cualquier acción.

diagonalmente *adv.* En la dirección de una línea diagonal.

dicha *f.* Felicidad, alegría.

disimulo *m.* Hipocresía, encubrimiento.

E

embarrar *v.* Enlodar, untar de lodo o barro.

emperador *m.* Soberano de un imperio.

empollar *v.* Permanecer un ave sobre los huevos para calentarlos y que nazcan los polluelos.

endurecer *v.* volver insensible, entumecer.

erguido *adj.* De pie, levantado.

escenografía *f.* Conjunto de decorados de una obra teatral.

escolar *adj.* De la escuela.

escultura *f.* Arte de representar objetos o de crear formas con un material cualquiera, como barro, yeso, madera, piedra o bronce.

espigado *adj.* Con forma de espiga, alargado.

estimado *adj.* Deseado entre varios.

estruendo *m.* Ruido muy grande, ensordecedor, como el de unas cataratas, el de un tren pasando cerca o el de muchas cosas cayéndose.

extraordinario *adj.* Fuera de lo corriente.

F

fabuloso *adj.* Magnífico, fuera de lo corriente.

fantasmal *adj.* De los fantasmas.

fiel *adj.* Que cumple sus promesas.

fingir *v.* Dejar ver o hacer creer con palabras, gestos o acciones algo que no es verdad.

flanquear *v.* Estar situado a los dos lados.

fluir *v.* Correr un líquido.

follaje *m.* Conjunto de las ramas y hojas de los árboles y plantas.

frágil *adj.* Se aplica a lo que se rompe fácilmente por golpe; como el cristal.

franco *adj.* Que expresa sin inconveniente lo que piensa o siente.

fresa *f.* Fruto de planta rosácea, rojo, sabroso y fragante.

frotar *v.* Restregar, pasar algo por la superficie de una cosa, repetidamente y con fuerza, o raspando.

G

garabato *m.* Escritura mal formada.

garaje *m.* Local en que se guardan automóviles, bicicletas y otros vehículos.

gemir *v.* Manifestar dolor o pena emitiendo ciertos sonidos.

gorjeo *m.* Canto de los pájaros haciendo gorgoritos.

gótico *adj.* Movimiento artístico que se desarrolla en Europa desde el siglo XII hasta el Renacimiento.

graduación *f.* Ceremonia en la que los estudiantes obtienen un título o diploma.

graznar *v.* Emitir su voz propia el cuervo, el grajo, el pato y otros animales que la tienen semejante.

grieta *f.* Abertura alargada y estrecha producida por la separación de dos partes de la misma cosa.

H

hierro *m.* Metal de color gris azulado, muy duro.

hojear *v.* Leer un libro superficialmente.

honradez *f.* Cualidad de honrado, que procede con rectitud e integridad.

horrible *adj.* Horroroso, muy impresionante por lo cruel, trágico, etc. que es.

hostilidad *f.* Enemistad.

huerto *m.* Terreno de poca extensión donde se cultivan verduras, legumbres y frutales.

I

imitar *v.* Actuar de la misma manera.

inclinar *v.* Apartar una cosa de su posición vertical.

inmóvil *adj.* Quieto. Se aplica a lo que permanece sin cambiar de sitio.

insignificante *adj.* Se aplica a lo que no merece ser tenido en cuenta.

intruso *m.* Se aplica a la persona que está en un sitio sin derecho de estar en él.

L

labrador *m.* Raza de perro originaria de la Isla de Labrador.

leal *adj.* Que sigue las normas del honor, propiedad, rectitud y fidelidad.

letrero *m.* Escrito o rótulo.

lindo *adj.* Bonito, correcto de formas y agradable de mirar.

lote *m.* Cada una de las parcelas o solares en que se divide un terreno edificable.

M

maderería *f.* Almacén que vende madera.

mapache *m.* Mamífero de América del Norte, semejante al tejón, de piel gris, hocico blanco y cola peluda con anillos blancos.

marcador *m.* Instrumento para escribir, formado por una barra de fieltro impregnada de tinta con la que se hacen trazos gruesos.

margen *m.* Espacio blanco que se deja alrededor de un escrito.

martillazo *m.* Golpe de martillo.

medrar *v.* Crecer.

melancolía *f.* Tristeza leve, no causada por una verdadera desgracia.

metálico *adj.* Del metal.

migratorio *adj.* Se aplica a las aves de paso, que realizan un viaje periódico.

minuto *m.* Cada una de las sesenta partes iguales en que se divide una hora.

modales *m. pl.* Manera de portarse en sociedad.

montículo *m.* Pequeña elevación del terreno, natural o hecha por el hombre.

muchedumbre *f.* Multitud.

mudanza *f.* Traslado de domicilio.

mudar *v.* Perder los seres vivos cierta cosa cambiable y adquirir otra en su lugar.

mullido *adj.* Blando.

murmurar *v.* Hablar alguien en voz muy baja, casi sin pronunciar las palabras.

N

notable *adj.* Se aplica a lo que llama la atención.

O

ocotillo *m.* Matorral espinoso de hojas deciduas y flores rojas.

oruga *f.* Larva de los insectos lepidópteros, que se alimenta de vegetales.

P

pacífico *adj.* Se dice del que no provoca luchas, discordias o discusiones.

pálido *adj.* Falto de colorido.

palpar *v.* Tocar los objetos para orientarse, por ejemplo, cuando se anda sin ver.

parlotear *v.* Despectivo de hablar.

partir *v.* Irse de un lugar.

pasto *m.* Césped, hierba.

patrulla *f.* Grupo pequeño de personas que vigila un lugar.

patrullero *m.* Vehículo que presta el servicio de patrulla o vigilancia.

pelirrojo *adj.* De cabellos color rojizo.

peregrino *m., adj.* Viajero, se aplica a las aves de paso.

perjudicar *v.* Causar un mal a algo o alguien.

petirrojo *m.* Pájaro de color aceitunado y cuello rojo.

portal *m.* Vestíbulo en la entrada de una casa.

posar *v.* Colocar, poner.

predilecto *adj.* Favorito. Se dice de la persona o cosa que es la más querida.

prejuicio *m.* Actitud discriminatoria hacia personas de otra clase social o raza.

proclamar *v.* Publicar en alta voz para que sea conocido por todos.

provocar *v.* Incitar o inducir a que uno haga algo.

puntiagudo *adj.* Objeto que acaba en punta.

puño *m.* Mano cerrada.

Q

quehaceres *m. pl.* Labores, tareas.

R

rebelde *m.* Que se niega a obedecer.

reclinar *v.* Inclinar una cosa apoyándola sobre otra.

recuperar *v.* Volver a tener algo que se había perdido.

rechinar *v.* Producir un ruido desagradable, por ejemplo como el que hace una máquina mal engrasada o la uña arañando un cristal.

refugiar *v.* Servir de refugio a alguien.

rehusar *v.* No aceptar una cosa ofrecida.

remontar *v.* Elevarse las aves a gran altura.

repentino *adj.* Brusco, súbito. Se dice de lo que se produce sin anuncio o preparación.

resistente *adj.* Fuerte. Capaz de resistir mucho sin romperse.

respiratorio *adj.* De la respiración.

retozar *v.* Juguetear.

risco *m.* Peñasco, roca escarpada.

risueño *adj.* Sonriente.

S

sacudir *v.* Mover una cosa violentamente de una a otra parte.

sastre *m.* Persona que se dedica a hacer trajes.

sastrería *f.* Taller de sastre.

segregación *f.* Separación de las personas de raza o religión diferentes practicada en un país.

silvestre *adj.* Criado en el campo, sin cultivo o cuidado de las personas.

sinuoso *adj.* Con vueltas, ondulaciones o recodos.

sisear *v.* Emitir un sonido semejante a "chsss".

súbdito *adj.* Sujeto a la autoridad de un soberano.

suspender *v.* Colgar en alto.

susurrar *v.* Hablar bajo, murmurar.

T

tintinear *v.* Producir un sonido parecido al de un timbre.

tirano *m.* Rey o soberano despótico, injusto y cruel.

traidor *m.* Que comete traición, delito de servir al enemigo.

tranquilizante *adj.* Medicamento que calma o adormece.

transcurso *m.* Cierto espacio o cantidad de tiempo.

transitado *adj.* Con mucho tráfico de personas o vehículos.

trenza *f.* Entrelazamiento de tres fibras, o hebras de pelo.

truculento *adj.* Se aplica a cosas que producen horror.

U

urbano *adj.* De la ciudad.

V

vadear *v.* Atravesar un río a pie.

vencido *adj.* Derrotado.

verdemar *m.* Color verde de mar.

vestimenta *f.* Conjunto de prendas de vestir de alguien.

vigilante *m.* Persona que cuida o vigila.

violoncelo *m.* Instrumento de cuerda tocado con arco, más grande que el violín y más pequeño que el violón.

vitorear *v.* Aclamar. Dar vivas u otros gritos de entusiasmo en honor de alguien.

volante *m.* En los automóviles, rueda que mueve con las manos el conductor, la cual transmite su movimiento a las ruedas del coche.

Z

zambullirse *v.* Sumergirse algo o alguien en un líquido.

zumbido *m.* Sonido sordo, como, por ejemplo, el que hace el abejorro al volar o la flecha al surcar el aire.

Créditos de fotografía